KUCHAŘKA PRO ČERSTVÁ VEJCE KROK ZA KROKEM

OBJEVTE VÍCE NEŽ 100 ZDRAVÝCH RECEPTŮ, JAK POUŽÍVAT VEJCE NEOČEKÁVANÝM ZPŮSOBEM

Radka Kupcová

Všechna práva vyhrazena.

Zřeknutí se odpovědnosti

Informace obsažené v této eKnize mají sloužit jako ucelená sbírka strategií, o kterých autor této eBooku provedl výzkum. Shrnutí, strategie, tipy a triky jsou pouze doporučením autora a přečtení této e-knihy nezaručí, že jeho výsledky budou přesně odrážet výsledky autora. Autor e-knihy vynaložil veškeré přiměřené úsilí, aby čtenářům e-knihy poskytl aktuální a přesné informace. Autor a jeho spolupracovníci nenesou odpovědnost za jakékoli neúmyslné chyby nebo opomenutí, které mohou být nalezeny. Materiál v elektronické knize může obsahovat informace třetích stran. Materiály třetích stran obsahují názory vyjádřené jejich vlastníky. Autor e-knihy jako takový nepřebírá odpovědnost ani odpovědnost za jakýkoli materiál nebo názory třetích stran.

Elektronická kniha je chráněna autorským právem © 2022 se všemi právy vyhrazenými. Je nezákonné redistribuovat, kopírovat nebo vytvářet odvozené práce z této e-knihy jako celku nebo zčásti. Žádná část této zprávy nesmí být reprodukována nebo znovu přenášena v jakékoli reprodukované nebo znovu přenášené formě v jakékoli formě bez písemného vyjádřeného a podepsaného souhlasu autora.

OBSAH

OBSAH 3
ÚVOD 7
ZÁKLADNÍ RECEPTY NA ČERSTVÉ VEJCE 8
    1. Vejce na tvrdo 9
    2. Smažené vajíčka 11
    3. Sázená vejce 13
    4. Míchaná vejce 15
    5. Omelety 17
    6. Mikrovlnná vejce 19
    7. Quiche 21
    8. Frittatas 23
    9. Soufflé 25
    10. Palačinky 27
    11. Sněhová pusinka 29
    12. Nakládaná vejce 31
    13. Základní těsto na sušenky 33
DENNĚ ČERSTVÉ VEJCE 35
    14. Plněná rajčata 36
    15. Španělské suflé na pánvi 38
    16. Borůvková snídaně pečeme 40
    17. Vejce v omáčce 43
    18. Vejce v hnízdech 46
    19. Frittata s Fetou a zelení 49
    20. Ostrá ďábelská vejce 52
    21. Posypané dýňové palačinky 55
    22. Mrkvové a bramborové placky 58
    23. Snídaňové hash cups 61
    24. Sýrová zeleninová frittata 64
    25. Black Bean Brownie Bites 67

26. FLORENTSKÉ SLADKÉ BRAMBORY..70
27. MRKVOVÉ MUFFINY..73
28. MINIATURNÍ PEKANOVÉ KOLÁČE...76
29. KAKAOVÝ DORT NA VLASY...78
30. TVAROHOVÝ TVAROHOVÝ KOLÁČ..80
31. MIKROZELENÁ PLNĚNÁ VEJCE..83
32. PALAČINKY Z HRACHU...85
33. OMELETA Z VAJEČNÝCH BÍLKŮ A MICROGREENS..87
34. PINON (HOVĚZÍ JITROCELOVÁ OMELETA)..89
35. PORTORICKÉ RÝŽOVÉ HOUSKY..92
36. FLAN DE QUESO DE PUERTO RICO..94
37. PORTORIKO SEKANÁ..97
38. AVOKÁDO PLNĚNÉ UZENOU RYBOU..100
39. PEČENÁ VEJCE S UZENÝM LOSOSEM...103
40. SÁZENÉ VEJCE A UZENÝ LOSOS..105
41. KONZERVOVANÉ ŽLOUTKY...108
42. VEJCE VE SLANÉM NÁLEVU...111
43. SÓJOVÁ OMÁČKA KOUŘOVÁ VEJCE...114
44. KARI NAKLÁDANÁ VEJCE..117
45. VEJCE NAKLÁDANÁ ŘEPOU..120
46. KUKUŘIČNÉ MUFFINY S UZENÝM KROCANEM..123
47. UZENÝ LOSOS S BRAMBORÁKY...125
48. PEČENÝ UZENÝ LOSOS A SÝR FETA..128
49. CHEESECAKE Z UZENÉHO LOSOSA...130
50. ČEDAROVÉ KOLÁČKY..133
51. PAŽITKOVÉ BRAMBORÁKY...135
52. KUKUŘICE A UZENÝ KRŮTÍ PUDINK...138
53. SMETANOVÝ UZENÝ LOSOS A KOPROVÝ KOLÁČ......................................141
54. LATKES S UZENÝM LOSOSEM..144
55. JAVOROVO-SKOŘICOVÉ OVESNÉ PALAČINKY..147
56. ŠVÝCARSKÝ MANGOLD A QUINOA FRITTATA..149
57. PIKANTNÍ PEČENÁ VEJCE S KOZÍM SÝREM...152
60. OMELETA S ČESNEKOVÝMI HOUBAMI A SÝREM.......................................154
61. ŽVÝKACÍ JABLEČNÉ MĚSÍČKY...157
62. CUKROVINKA S NÍZKÝM OBSAHEM SODÍKU...159
63. HNĚDÝ CUKR – PEKANOVÁ ZMRZLINA..161

64. Lemon Meringue Layer Cake 164
65. Čokoládový krémový koláč 167
66. Višňovo-mandlové sušenky 170
67. Ovesné sušenky s čokoládou 173
68. Kukuřičný chlebový koláč s nízkým obsahem sodíku 176
69. Čokoládový soufflé dort 179
70. Snídaňové tacos 181
71. Barbecue Hash 183
72. Olivová a bylinková Frittata 185
73. Chřest Frittata 187
74. Jahodovo-mandlový toast 189
75. Čokoládové palačinky 191
76. Čokoládové ořechové vafle 193
77. Granolové tyčinky a sušené třešně 195
78. Ovocné a ořechové muffiny 197
79. Dvojité dýňové tyčinky 199
80. Vaječná pizza kůrka 201
81. Omeleta se zeleninou 203
82. Vaječné muffiny 205
83. Míchaná vejce z uzeného lososa 207
84. Steak a vejce 209
85. Vejce upéct 211
86. Frittata 214
87. Naan / Palačinky / Palačinky 216
88. Cuketové placky 218
89. Quiche 220
90. Snídaňové klobásové kuličky 222
91. Snídaně klobásové sendviče 224
92. Pečený chilský pudink 226
93. Snídaně klobásové sendviče 229
94. Německé palačinky 231

NÁPOJE Z ČERSTVÝCH VAJEC **234**

95. Coquito 235
96. Klasické Amaretto Sour 237
97. Whisky Sour Cocktail 239

98. Německý vaječný likér..241
99. Vietnamská vaječná káva...243
100. Zabaglione...245

ZÁVĚR..**247**

ÚVOD

Všichni víme, že vejce jsou pro vás dobrá. Jsou vynikajícím zdrojem bílkovin a klíčových živin a jsou extrémně univerzální na mnoho způsobů, jak je lze připravit. Nejlepší věc na vejcích? Jsou vynikající.

V této knize najdete techniky a nápady krok za krokem, abyste se ujistili, že pokaždé dostanete dokonalá, lahodná vejce. Naučíte-li se jen pár základů, můžete připravit širokou škálu snadno připravitelných jídel pro málo nebo tolik lidí, kolik chcete. Tak jděte do toho a Get Crack!

ZÁKLADNÍ RECEPTY NA ČERSTVÉ VEJCE

1. Vejce na tvrdo

Pokyny

a) Vejce položte v jedné vrstvě na dno hrnce a zalijte studenou vodou. Voda by měla být asi o palec výše než vejce. Hrnec přikryjeme a na středně vysoké teplotě přivedeme k varu.
b) Když se voda začne vařit, sejměte hrnec z ohně a nechte 18 až 23 minut stát. Pro měkčí žloutek zkraťte čas na 3 až 4 minuty a 11 až 12 minut pro střední žloutek.
c) Sceďte a ihned nechte vejce přelévat studenou vodou, dokud nevychladnou, nebo vejce vyjměte děrovanou lžící a vložte do ledové lázně, aby se vaření zastavilo.

2. Smažené vajíčka

Ingredience

- Vejce
- Sprej na vaření, máslo nebo olej
- Sůl a pepř

Pokyny

a) Zahřejte pánev na střední teplotu. Potřete pánev sprejem na vaření (pokud používáte pouze běžnou pánev), máslem nebo olejem, podle vašich preferencí. Používáte-li máslo, ponechte dostatek času, aby se rozpustilo, a pokud používáte olej, dejte mu 30 sekund na zahřátí.

b) Rozklepněte vejce do misky (pokud smažíte více vajec, můžete je buď rozklepnout každé do vlastní misky, nebo můžete znovu použít stejnou misku) a opatrně vhoďte vejce do pánve. Lehce dochuťte solí a pepřem (volitelně).

c) Nechte vejce vařit, dokud bílek neztuhne a okraje se nezačnou kroutit, asi 3 až 4 minuty. Odolejte nutkání se rozčilovat – vaše vajíčka budou vypadat lépe, když je necháte sama. Pro slunečnou stranu stačí vajíčko nasunout na talíř. Pro nadměrně snadná, nadměrně střední nebo nadměrně studená vejce pokračujte dalším krokem.

d) Pomocí špachtle jemně otočte vajíčko. Nemusíte ho dostat celý pod vejce, ale než ho otočíte, ujistěte se, že je pod žloutkem. Vařte ještě asi 30 sekund pro příliš snadné, 1 minutu pro příliš střední a minutu a půl pro příliš dobré. Ještě jednou otočte a posuňte na talíř.

3. Sázená vejce

Ingredience

- Vejce
- Voda
- Sůl a pepř

Pokyny

a) Naplňte kastrol 3 palce (8 cm) vody a přiveďte k varu. Mezitím rozklepněte každé vejce do vlastní malé misky, aby bylo připraveno k použití, až voda dosáhne správné teploty.

b) Když voda dosáhne varu, snižte ji na mírný var. Držte misku těsně nad vroucí vodou a opatrně vsuňte vejce do vody. Stejným způsobem vhoďte druhé vejce a snažte se sledovat pořadí, ve kterém vstoupili. První vejce dovnitř by mělo být prvním vejcem ven. Nezapomeňte použít více vody, pokud vaříte více vajec, aby teplota vody příliš neklesla.

c) Vejce vyndejte po 3 minutách na měkká pošírovaná nebo je nechte 5 minut vařit, aby žloutek byl pevnější. Vyjměte děrovanou lžící a slijte co nejvíce vody. Vajíčko by se mělo viklat (ale jen trochu), když budete lžící pohybovat. Uvařená vejce položte na papírovou utěrku a dochuťte solí a pepřem (volitelně).

4. Míchaná vejce

Ingredience

- Vejce
- Mléko
- Sprej na vaření nebo máslo
- Sůl a pepř (volitelné)

Pokyny

a) Chcete-li připravit jednu porci míchaných vajec, rozklepněte 2 vejce do mísy a zašlehejte 2 polévkové lžíce (30 ml) mléka. Podle potřeby dochuťte solí a pepřem.
b) Zahřejte pánev na střední teplotu. Potřete pánev sprejem na vaření (pokud používáte pouze běžnou pánev) nebo máslem podle vašich preferencí. Používáte-li máslo, nechte ho dostatečně dlouho, aby se rozpustilo. Nalijte vejce do pánve a snižte teplotu na středně nízkou.
c) Jemně pohybujte vejci špachtlí a vytvořte měkký tvaroh. Pokračujte v míchání, dokud v pánvi nezůstane žádná tekutá vejce, ale než se vejce zdají být suchá.
d) Okamžitě vyjměte vejce a talíř.

5. Omelety

Ingredience
- 2 vejce
- 2 polévkové lžíce (30 ml) vody
- Sprej na vaření, máslo nebo olej
- Požadované náplně (např.: sýr, houby, zelená paprika)
- Sůl a pepř (volitelné)

Pokyny
a) Pomocí metličky nebo vidličky rozšlehejte vejce se 2 polévkovými lžícemi (30 ml) vody. Dochuťte solí a pepřem (volitelně). Ujistěte se, že žloutek a bílek dobře zapracujte dohromady.

b) Zahřejte pánev na středně vysokou teplotu. Potřete pánev sprejem na vaření (pokud používáte pouze běžnou pánev), máslem nebo olejem, podle vašich preferencí. Používáte-li máslo, ponechte dostatek času, aby se rozpustilo, a pokud používáte olej, dejte mu 30 sekund na zahřátí.

c) Jakmile je pánev horká, vlijte směs. Když vaječná směs tuhne kolem okraje pánve, pomocí špachtle jemně zatlačte vařené porce směrem ke středu pánve. Nakloňte a otáčejte pánví, aby neuvařená vejce vytekla do prázdných míst. Když povrch vejce vypadá vlhký, ale nehýbe se, když se pánev kývá, je připraveno k plnění. Náplň přidávejte střídmě – trochu zabere hodně.

d) Omeletu přeložte stěrkou napůl a před posunutím na talíř nechte dno lehce zhnědnout. Pokud vám zbyde náplň, nalijte zbytek na omeletu.

6. Mikrovlnná vejce

Ingredience
- 1 vejce
- Sprej na vaření, máslo nebo olej
- Špetka soli

Pokyny
a) Potřete nádobu bezpečnou v mikrovlnné troubě nebo ramekin sprejem na vaření, máslem nebo olejem, podle vašich preferencí (pokud používáte mikrovlnný vařič vajec, není nutné žádné potahování). Na dno nádoby nasypte několik zrnek soli. Sůl přitahuje mikrovlnnou energii a pomáhá uvařit vejce rovnoměrně.

b) Do nádoby rozbijte vajíčko. Žloutek a bílek propíchejte 4x až 5x vidličkou (propíchnutí je nutné, aby při vaření nevybuchlo).

c) Zakryjte plastovým obalem, zatáhněte malou oblast pro odvětrání (pokud používáte mikrovlnný vařič vajec, umístěte víko na základnu a zajistěte jej otočením).

d) PRO VEJCE UVAŘENÁ NA MEMKU: Mikrovlnná trouba na vysoký výkon (100% výkon) po dobu 30 sekund nebo na střední (50% výkon) po dobu 50 sekund. Před odstraněním plastového obalu nebo víka nechte 30 sekund stát. Pokud je stále nedovařené, otočte vejce v nádobě, přikryjte a vložte do mikrovlnné trouby na dalších 10 sekund, nebo dokud se neuvaří podle potřeby.

e) PRO VEJCE NA TVRDO: Mikrovlnná trouba na vysoký výkon (100% výkon) po dobu 40 sekund. Před odstraněním plastového obalu nebo víka nechte 30 sekund stát. Pokud je stále nedovařené, otočte vejce v nádobě, přikryjte a vložte do mikrovlnné trouby na dalších 10 sekund, nebo dokud se neuvaří podle potřeby.

7. Quiche

Ingredience
- 4 vejce
- Předpečená skořápka koláče
- Požadované náplně
- 1 1/2 šálku (375 ml) smetany nebo mléka
- Sůl a pepř (volitelné)

Pokyny
a) Předehřejte troubu na 350 °F (180 °C). Na dno skořápky koláče nasypte sýr a další náplně, které chcete.
b) Vejce a smetanu ušlehejte v míse, dokud se dobře nespojí. Dochuťte solí a pepřem (volitelně).
c) Opatrně nalijte směs do skořápky koláče.
d) Pečte 35 až 40 minut nebo dokud náplň nezíská zlatohnědou barvu. Chcete-li zkontrolovat propečenost, vložte nůž do středu quiche. Pokud vyjde čistý, je hotovo! Před podáváním nechte 10 minut odstát.

8. Frittatas

Ingredience
- 8 vajec
- 1/2 šálku (125 ml) vody
- 1/8 čajové lžičky (0,5 ml) soli
- 1/8 čajové lžičky (0,5 ml) pepře
- Sprej na vaření, máslo nebo olej
- 2 šálky (500 ml) náplň Ingredience (nakrájená zelenina, maso, drůbež, mořské plody nebo kombinace)
- 1/2 šálku (125 ml) strouhaného sýra
- Čerstvé nebo sušené bylinky podle chuti (volitelné)

Pokyny
a) Předehřejte troubu na grilování. Vejce, vodu, bylinky, sůl a pepř ušlehejte ve střední misce. Dát stranou.
b) Zahřejte 10palcovou (25 cm) nepřilnavou pánev vhodnou do trouby na střední teplotu. Pánev potřete sprejem na vaření (pouze pokud používáte běžnou pánev), máslem nebo olejem, podle vašich preferencí. Používáte-li máslo, ponechte dostatek času, aby se rozpustilo, a pokud používáte olej, dejte mu 30 sekund na zahřátí. Přidejte ingredience na náplň, za častého míchání je opékejte, dokud nejsou zcela uvařené.
c) Vlijte vaječnou směs. Když směs tuhne kolem okraje pánve, jemně zvedněte uvařené porce špachtlí, aby pod nimi mohla stékat nevařená vejce. Vařte, dokud není dno ztuhlé a vršek téměř ztuhlý, asi 8 až 10 minut.
d) Navrch posypeme sýrem. Umístěte pánev pod předehřátý brojler na 2 nebo 3 minuty, aby se rozpustil sýr a nafoukla frittata, nebo přikryjte pokličkou a vařte několik minut na sporáku.

e) Uvolněte kolem okraje frittaty nožem. Nakrájejte na měsíčky a podávejte.

9. Soufflé

Ingredience
- 4 vejce
- 2 bílky
- 2 polévkové lžíce (30 ml) másla
- 2 polévkové lžíce (30 ml) univerzální mouky
- 1/2 čajové lžičky (2,5 ml) soli
- Špetka pepře
- 3/4 šálku (175 ml) mléka (1%)
- 1/4 čajové lžičky (1,25 ml) vinného kamene

Pokyny
a) Předehřejte troubu na 375 °F (190 °C). Ve středním hrnci na mírném ohni rozpusťte máslo. Vmícháme mouku, sůl a pepř. Vařte za stálého míchání, dokud není směs hladká a bublinková. Postupně vmícháme mléko. Pokračujte v míchání, dokud není směs hladká a nezhoustne.
b) Oddělte 4 žloutky, 2 bílky si nechte. Dobře prošlehejte žloutky a přidejte k nim 1/4 šálku (60 ml) směsi teplé omáčky.
c) Tuto žloutkovou směs smíchejte se zbývající omáčkou a důkladně promíchejte.
d) Bílky s tatarskou smetanou ušlehejte ve velké míse do tuha, ale ne do sucha.
e) Do omáčky vmícháme část bílků, aby byla lehčí, a poté jemně, ale důkladně omáčku vmícháme do zbylých bílků.
f) Opatrně nalijte do 4 šálků (1 l) lehce vymazané suflé nebo zapékací misky.
g) Pečte, dokud nenafoukne a lehce zhnědne, asi 20 až 25 minut.

10. Palačinky

Ingredience
4 vejce
1/2 čajové lžičky (2,5 ml) soli
2 šálky (500 ml) univerzální mouky
2 šálky (500 ml) mléka
1/4 šálku (60 ml) rostlinného oleje
Sprej na vaření nebo máslo

Pokyny
a) Smíchejte vejce a sůl ve střední misce. Postupně přidávejte mouku, střídavě s mlékem a šlehejte do hladka. Pomalu zašleháme olej. K tomuto kroku můžete použít i mixér. Všechny ingredience zpracujte do hladka, asi 1 minutu. Těsto dejte do lednice alespoň na 30 minut, aby se mouka roztáhla a případné vzduchové bubliny splaskli. Těsto může během této doby zhoustnout, takže ho možná budete muset zředit přidáním trochy mléka nebo vody. Krepové těsto by mělo mít konzistenci husté smetany.
b) Potřete krepovou pánev trochou spreje na vaření (pokud používáte pouze běžnou pánev) nebo másla. Zahřívejte na středně vysokou teplotu, dokud při přisypávání do pánve nezasyčí kapičky vody.
c) Těsto promíchejte a nalijte do pánve najednou asi 3 polévkové lžíce (45 ml) těsta.
d) Rychle nakloňte a otáčejte pánví a jemně s ní třeste krouživými pohyby, aby se dno pánve pokrylo těstem.

Vařte, dokud spodek palačinky lehce nezhnědne, asi 45 sekund. Palačinku otočte stěrkou a vařte dalších 15 až 30 sekund. Přendejte na talíř a opakujte se zbývajícím těstem. Pokud se palačinky začnou lepit, přidejte na pánev další sprej na vaření nebo máslo.

11. Sněhová pusinka

Ingredience
- 3 bílky pokojové teploty
- 1/4 čajové lžičky (1,25 ml) smetany z tatarky nebo citronové šťávy
- 1/4 šálku (60 ml) krystalového cukru

Pokyny
a) Předehřejte troubu na 425 °F (220 °C). Pro přípravu základní pusinky oddělte bílky a vložte je do skleněné nebo kovové misky (plastové misky mohou mít mastný film, který zabraňuje pěnění). Vejce oddělte, aniž byste v bílcích zanechali stopy po žloutku, protože tuk ve žloutku zabrání bílkům vyvinout požadovaný objem.

b) Přidáme tatarskou smetanu a elektrickým šlehačem ušleháme z bílků pěnu. Měly by tvořit to, čemu se říká měkké vrcholy. Vrcholy jsou „kopce", které se vytahují při vyjímání šlehačů z pěny. Budete vědět, že vaše špičky jsou měkké, když špičky jemně přepadnou.

c) Postupně přidávejte cukr po 1 až 2 polévkových lžících (15-30 ml), dokud nebude vše začleněno a vrcholy nebudou lesklé. Pokračujte v šlehání, dokud pěna nevytvoří tuhé vrcholy a veškerý cukr se rozpustí. Chcete-li vyzkoušet, zda se cukr rozpustil, protřete ušlehanou pusinku mezi palcem a ukazováčkem. Pokud máte pocit, že jsou krupice, šlehejte vejce o několik sekund déle, dokud nebude hladká.

d) Navršte pusinky na teplou náplň a pečte asi 4 nebo 5 minut – jen tolik, aby se vrcholky jemně opekly.

12.   Nakládaná vejce

Ingredience
- 12 natvrdo uvařených vajec
- 1 šálek (250 ml) vody
- 1 šálek (250 ml) bílého octa
- 1 polévková lžíce (15 ml) krystalového cukru
- 1 čajová lžička (5 ml) soli
- 2 čajové lžičky (10 ml) nakládacího koření

Pokyny
a) V malém hrnci na vysoké teplotě smíchejte vodu, ocet, cukr, sůl a nakládací koření. Za častého míchání přiveďte k varu, dokud se cukr nerozpustí. Snižte teplotu na minimum a vařte 10 minut.
b) Ujistěte se, že jsou zcela vychladlá, oloupejte natvrdo uvařená vejce a vložte je do sklenice. Zjistěte, jak vyrobit perfektní vejce natvrdo na str.4.
c) Nalijte horkou nakládací tekutinu do sklenice přímo na vejce. V tomto kroku můžete scedit nakládací koření, ale nepasírované ingredience vytvářejí pěknou prezentaci.
d) Před použitím chlaďte alespoň 2 dny.

13. Základní těsto na sušenky

Ingredience

- 2 1/4 šálku (550 ml) univerzální mouky
- 1 čajová lžička (5 ml) jedlé sody
- 1/4 čajové lžičky (1,25 ml) soli
- 3/4 šálku (175 ml) másla při pokojové teplotě
- 3/4 šálku (175 ml) krystalového cukru
- 3/4 šálku (175 ml) baleného hnědého cukru
- 2 vejce
- 1 čajová lžička (5 ml) vanilky

Pokyny

a) Předehřejte troubu na 350 °F (180 °C) a vyložte plechy pečicím papírem nebo silikonovou podložkou. Smíchejte mouku, jedlou sodu a sůl ve střední misce.

b) Máslo a krystalový a hnědý cukr vyšleháme elektrickým mixérem ve velké míse do hladké a nadýchané hmoty. Přidejte vejce a vanilku a šlehejte, dokud se dobře nespojí. Přidejte směs mouky a šlehejte, dokud se nespojí.

c) Na připravené plechy nalijte lžíci těsta asi 5 cm od sebe. Pečte, dokud sušenky neztratí svůj lesklý vzhled, asi 9 minut. Sušenky nechte 1 minutu vychladnout na plechu, než je přenesete na mřížku, aby úplně vychladly.

DENNĚ ČERSTVÉ VEJCE

14. Plněná rajčata

Ingredience:

- 8 malých rajčat nebo 3 velká
- 4 vejce natvrdo, vychladlá a oloupaná
- 6 lžic Aioli nebo majonézy
- Sůl a pepř
- 1 lžíce petrželky, nasekané
- 1 lžíce bílé strouhanky, pokud používáte velká rajčata

Pokyny:

a) Ponořte rajčata do nádoby s ledovou nebo extrémně studenou vodou poté, co je na 10 sekund oloupete v pánvi s vroucí vodou.

b) Rajčatům odřízněte vršky. Pomocí lžičky nebo malého ostrého nože seškrábněte semínka a vnitřky.

c) Vejce rozmačkejte v míse s Aioli (nebo majonézou, pokud používáte), solí, pepřem a petrželkou.

d) Rajčata naplňte náplní a pevně je přitlačte. Nasaďte víčka pod ostrým úhlem na malých rajčatech.

e) Rajčata naplňte nahoru a pevně je přitlačte, dokud nebudou vodorovné. Před krájením na kroužky pomocí ostrého řezbářského nože dejte na 1 hodinu do lednice.

f) Ozdobte petrželkou.

15. Španělské suflé na pánvi

Porce: 1

Přísada

- 1 krabička španělské rychlé hnědé rýže
- 4 vejce
- 4 unce nakrájených zelených chilli papriček
- 1 šálek vody
- 1 šálek strouhaného sýra

Pokyny:

a) Postupujte podle pokynů na obalu pro vaření obsahu krabice.

b) Když je rýže hotová, zašlehejte do ní zbývající ingredience, kromě sýra.

c) Posypte strouhaným sýrem a pečte při 325 °F po dobu 30-35 minut.

16. Borůvková snídaně pečeme

Výtěžek: 6 porcí

Ingredience:

- 6 plátků celozrnného chleba, starého nebo vysušeného
- 2 vejce, rozšlehaná
- 1 šálek mléka bez tuku
- 1/4 šálku hnědého cukru, rozděleno
- Kůra z 1 citronu, rozdělená
- 2 lžičky skořice, rozdělené
- 2 1/2 šálků borůvek, rozdělených

Pokyny:

a) Předehřejte troubu na 350 stupňů Fahrenheita. Pomocí spreje na vaření vymažte plech na muffiny na 12 šálků.

b) Chleba nakrájíme na kostičky a dáme stranou. Ve velké míse ušlehejte vejce, mléko a cukr.

c) Přidejte 2 lžíce hnědého cukru, 1/2 lžičky skořice a 1/2 citronové kůry

d) Do vaječné směsi vhoďte chléb a 1 1/2 šálku borůvek a šlehejte, dokud se tekutina z větší části nevsákne. Formičky na muffiny naplňte do poloviny těstem.

e) Smíchejte 1 lžíci hnědého cukru a 1 lžičku skořice v malé misce. Přes košíčky na francouzské toasty potřeme polevou. Vařte 20-22 minut, nebo dokud povrch nezhnědne a francouzský toast není hotový.

f) Mezitím dejte zbývající 1 šálek borůvek, citronovou kůru a 1 lžíci hnědého cukru do malého hrnce a vařte na středně mírném ohni 8–10 minut, nebo dokud se neuvolní tekutina.

g) Borůvky rozmačkejte šťouchadlem na brambory, dokud nedosáhnou požadované konzistence.

h) Borůvkovou směs použijte jako sirup, kterým pokapete upečený francouzský toast.

17. Vejce v omáčce

Výtěžek: 4 porce

Ingredience:

- 1 lžíce olivového oleje
- 1/2 žluté cibule, nakrájené na kostičky
- 1 lžíce rajčatového protlaku
- 3 lžičky papriky
- 3 stroužky česneku, nasekané
- 4 plátky pečené červené papriky, nakrájené na kostičky
- 1,28-uncová plechovka drcených rajčat s nízkým obsahem sodíku
- 1/8 lžičky soli
- 3 šálky čerstvého špenátu
- 1/4 šálku čerstvé petrželky, nasekané
- 4 velká vejce
- 2 celozrnné pity, opečené

Pokyny:

a) Ve velké nepřilnavé pánvi rozehřejte olej na středním plameni.

b) Přidejte cibuli a vařte 2 minuty, nebo dokud trochu nezměknou. Po přidání rajčatové pasty, papriky a česneku vařte 30 sekund.

c) Přidejte papriku, rajčata a koření. Po přivedení k varu snižte teplotu na minimum.

d) Vařte za občasného míchání 30 minut.

e) Přidejte špenát a polovinu petrželky a míchejte, aby se spojily. Do rajčatové směsi udělejte vařečkou čtyři jamky. Do každé ze čtyř jamek rozbijte jedno vejce, přikryjte a vařte 8 minut, nebo dokud bílky neztuhnou.

f) Na závěr posypte zbylou petrželkou. Podávejte s pita chlebem na namáčení.

18.   Vejce v hnízdech

Výtěžek: 6 porcí

Ingredience:

- 1 libra sladkých brambor, oloupaných
- 2 lžíce olivového oleje
- 1/4 lžičky soli, rozdělená
- 1/4 lžičky černého pepře, rozdělené
- 12 velkých vajec

Pokyny:

a) Předehřejte troubu na 400 stupňů Fahrenheita.

b) Pomocí spreje na vaření potřete plech na muffiny na 12 šálků.

c) Na struhadle nakrájejte brambory a dejte stranou. Ve velké pánvi rozehřejte olivový olej na středně vysokou teplotu. 1/8 lžičky soli, 1/8 lžičky pepře, nakrájené sladké brambory

d) Brambory vařte do měkka, asi 5-6 minut. Sundejte z ohně a odstavte, dokud nevychladne natolik, aby se s ním dalo manipulovat.

e) Do každého košíčku na muffiny prolisujeme 1/4 šálku vařených brambor. Na dno a boky muffinového košíčku pevně přitlačte.

f) Brambory potřete sprejem na vaření a pečte 5-10 minut, nebo dokud boky jemně nezhnědnou.

g) V každém hnízdě ze sladkých brambor rozklepněte vejce a dochuťte zbývající 1/8 lžičky soli a 1/8 lžičky pepře.

h) Pečte 15-18 minut, nebo dokud se bílky a žloutky neuvaří na požadovanou propečenost.

i) Před vyjmutím z pánve nechte 5 minut vychladnout. Podávejte a bavte se!

19.	Frittata s Fetou a zelení

Výtěžek: 8 porcí

Ingredience:

- 1 lžíce olivového oleje
- 1 malá žlutá cibule, nakrájená na kostičky
- 2 stroužky česneku, mleté
- 4 šálky mangoldu nakrájeného na stužky
- 8 velkých vajec
- 1/4 lžičky černého pepře
- 1/2 šálku sýra feta se sníženým obsahem tuku, rozdrobený
- 2 lžíce čerstvé petrželky, nasekané

Pokyny:

a) Předehřejte troubu na 350 stupňů Fahrenheita.

b) Na středně vysokém ohni rozehřejte velkou pánev vhodnou do trouby. Cibuli restujte 3-4 minuty, nebo dokud nezměkne.

c) Vařte další 3-4 minuty, nebo dokud mangold nezvadne.

d) Mezitím si ve velké míse prošlehejte vejce a černý pepř.

e) Směs zelí a cibule smíchejte s vejci v mixovací nádobě. Do vaječné směsi vhoďte sýr feta.

f) Vaječnou směs vraťte na pánev vhodnou do trouby a míchejte, aby se frittata nelepila.

g) Předehřejte troubu na 350 °F a pečte pánev po dobu 15-18 minut, nebo dokud vejce neztuhnou.

h) Vyjměte z trouby, posypte nasekanou petrželkou a nechte 5 minut stát, než nakrájíte na 8 porcí. Podávejte a bavte se!

20. Ostrá ďábelská vejce

Výtěžek: 6 porcí

Ingredience:

- 6 velkých vajec
- 1 avokádo, rozpůlené a zbavené pecek
- 1/3 šálku hladkého netučného řeckého jogurtu
- Kůra a šťáva z 1 citronu
- 1 lžíce dijonské hořčice
- 1/4 lžičky černého pepře
- 1 lžíce mleté pažitky

Pokyny:

a) Ve velkém hrnci rozklepněte vejce a zalijte je studenou vodou.

b) Přiveďte k varu a poté stáhněte z ohně. Nechte 15 minut, aby se vejce nasákla vodou v pánvi.

c) Vyjměte vejce a dejte je stranou, aby vychladly. Vejce oloupeme a podélně rozpůlíme.

d) V kuchyňském robotu smíchejte 3 žloutky. Zbývající žloutky si uschovejte pro jiný účel nebo je vyhoďte.

e) V kuchyňském robotu smíchejte avokádo, řecký jogurt, citronovou kůru a šťávu, dijonskou hořčici a černý pepř se žloutky. Vše promíchejte, dokud nebude úplně hladké.

f) Bílky dejte na servírovací misku a žloutkovou směs vložte do sáčku se zipem. Žloutkovou směs vymačkejte do bílků odříznutím jednoho ze spodních rohů.

g) Nakrájená pažitka posypeme nakrájenými vejci. Podávejte a bavte se!

21. Posypané dýňové palačinky

Výtěžek: 12 porcí

Ingredience:

- 1 1/2 šálku mléka bez tuku
- 1 šálek konzervovaného dýňového pyré
- 1 vejce
- 5 lžic hnědého cukru, rozdělených
- 2 lžíce rostlinného oleje
- 1 lžička vanilkového extraktu
- 1 hrnek celozrnné mouky
- 1 hrnek univerzální mouky
- 2 lžíce prášku do pečiva
- 1 1/2 lžičky skořice, rozdělené
- 1 lžička nového koření
- 1/2 lžičky muškátového oříšku
- 1/4 lžičky soli
- 3 jablka, oloupaná a nakrájená na kostičky

Pokyny:

a) Ve velké míse smíchejte mléko, dýni, vejce, 3 lžíce hnědého cukru, olej a vanilku.

b) Smíchejte pšeničnou mouku, víceúčelovou mouku, prášek do pečiva, 1 lžičku skořice, nové koření, muškátový oříšek a sůl v samostatné nádobě.

c) Vmíchejte dýňovou směs do suchých ingrediencí: dokud se nezapracuje, dávejte pozor, abyste nepřemíchali.

d) V malém hrnci zahřejte na středním plameni 3 lžíce vody. Přidejte na kostičky nakrájená jablka se zbývajícími 2 lžícemi hnědého cukru a 1/2 lžičky skořice. Zahřívejte 8–12 minut, nebo dokud jablka nezměknou.

e) Odstraňte jablka z ohně a rozmačkejte je šťouchadlem na brambory nebo vidličkou, dokud nevznikne hrubá jablečná omáčka. Odstraňte z rovnice.

f) Mezitím potřete nepřilnavou pánev nebo rošt sprejem na vaření a zahřejte na středně vysokou teplotu.

g) Nalijte 1/4 šálku palačinkového těsta na palačinku na připravenou pánev nebo rošt.

h) Palačinky by se měly opékat 2–3 minuty z každé strany nebo do zlatohnědé.

i) Podávejte s dušenou jablečnou směsí a užívejte si!

22. Mrkvové a bramborové placky

Výtěžek: 6 porcí

Ingredience:

- 2 velké červené brambory, oloupané
- 2 velké mrkve, oloupané
- 1 malá žlutá cibule, oloupaná
- 4 bílky, ušlehané
- 3 lžíce univerzální mouky
- 1 lžička prášku do pečiva
- Nepřilnavý sprej na vaření
- 3/4 šálku neslazené jablečné omáčky, volitelné

Pokyny:

a) Velkou stranou struhadla nastrouháme oloupané brambory, mrkev a cibuli.

b) Z nastrouhané zeleniny vymačkejte přebytečnou vodu pomocí papírové utěrky přes dřez.

c) Ve velké mixovací nádobě smíchejte okapanou zeleninu.

d) Bramborovou směs spojíme s vyšlehanými bílky.

e) Mouku, prášek do pečiva a sůl smícháme s bramborovou směsí.

f) Nastříkejte nepřilnavou pánev sprejem na vaření a zahřejte na střední teplotu.

g) Na pánev dejte 1/4 hrnku odměrky bramborové směsi, mezi jednotlivými palačinkami nechte 1-palcovou mezeru. 3 minuty v troubě

h) Otočte a opékejte další 3 minuty na druhé straně nebo do zlatohněda. Opakujte se zbytkem bramborové směsi.

i) Sloužit.

23. Snídaňové hash cups

Porce: 12

Ingredience:

- Sprej na vaření
- 3 šálky zmrazených hnědých, rozmražených
- 5 plátků krůtí slaniny
- 1 ½ šálku nízkocholesterolové vaječné náhražky
- 1 šálek strouhaného sýra čedar se sníženým obsahem tuku
- 3 lžíce margarínu bez tuku
- ¼ šálku nakrájené cibule
- ¼ šálku nasekané papriky černého pepře

Pokyny

a) Předehřejte troubu na 400 stupňů Fahrenheita. Před použitím nechte hash brown ohřát na pokojovou teplotu. Připravte si formu na muffiny se sprejem na vaření.

b) Připravte si slaninu. Před podáváním nechte vychladnout.

c) Smíchejte oříšky, sůl a pepř dohromady. 12 košíčků na muffiny, rovnoměrně rozdělených

d) Pečte 15 minut při 400 stupních nebo dokud lehce nezhnědnou. Vyjměte misku z trouby.

e) Mezitím rozšleháme vejce, sýr, cibuli a papriku.

f) Nakrájejte slaninu a navrstvěte ji na hnědou směs do košíčků na muffiny.

g) Do košíčků na muffiny rovnoměrně nalijte vaječné směsi. Předehřejte troubu na 350 °F a pečte 13 až 15 minut. Sloužit.

24. Sýrová zeleninová frittata

Porce: 6

Ingredience:

- 6 velkých vajec
- 2 lžíce celozrnné mouky
- 1 lžička černého pepře
- 1 střední cibule, nakrájená na ½-palcové kousky
- 1 šálek čerstvého nebo mraženého špenátu, nakrájeného na ½-palcové kousky
- 1 šálek červené a/nebo zelené papriky, nakrájené na ½-palcové kousky
- 1 šálek čerstvých hub, nakrájených na plátky
- 1 stroužek česneku, nasekaný nadrobno
- 2 lžíce lístků čerstvé bazalky
- ⅓ šálku částečně odtučněného sýra mozzarella, nastrouhaný
- Sprej na vaření

Pokyny

a) Předehřejte troubu (běžnou nebo toustovač) na grilování.

b) Ve velké mixovací nádobě rozšlehejte vejce do pěny, poté přidejte celozrnnou mouku, černý pepř a prášek do pečiva.

c) Těžkou pánev s rukojetí odolnou proti troubě potřete sprejem na vaření a zahřejte na střední teplotu.

d) Přidejte cibuli a restujte do změknutí, poté přidejte špenát, papriku a houby a dále vařte další 2-3 minuty.

e) Po přidání česneku a bazalky vařte 1 minutu. Aby se věci nepřipálily, neustále je míchejte.

f) Nalijte vaječnou směs do pánve a promíchejte, aby zahrnovala zeleninu.

g) Vařte 5-6 minut, nebo dokud vaječná směs neztuhne na dně a nezačne tuhnout nahoře.

h) Přidejte nastrouhaný sýr a zadní stranou lžíce ho jemně zatlačte pod vejce, aby se v troubě nepřipálil.

i) Předehřejte troubu na grilování a pečte 3-4 minuty, nebo dokud nezezlátnou a nebudou nadýchané.

j) Vyjměte z pánve a nakrájejte na 6 porcí.

25.   Black Bean Brownie Bites

Výtěžek: 16 porcí

Ingredience:

- 3/4 šálku černých fazolí s nízkým obsahem sodíku, scezených
- 1/4 šálku neslazeného jablečného omáčky
- 1/4 šálku řepkového oleje
- 2 velké bílky
- 1 velké vejce
- 1/2 šálku baleného hnědého cukru
- 1 lžička vanilkového extraktu
- 1/4 šálku neslazeného kakaového prášku
- 1/3 šálku celozrnné mouky
- 1/2 lžičky prášku do pečiva
- 1/2 lžičky soli
- 1/2 šálku polosladkých čokoládových lupínků

Pokyny:

a) Předehřejte troubu na 350 stupňů Fahrenheita.

b) Smíchejte černé fazole, jablečný protlak a řepkový olej do hladka v mixéru. Do velké mísy přidejte bílky, vejce, cukr a vanilku a šlehejte, aby se spojily.

c) Smíchejte kakaový prášek, mouku, prášek do pečiva a sůl v samostatné míse.

d) Směs mouky zašleháme do směsi černých fazolí, dokud není těsto hladké. Kousky čokolády by měly být složeny.

e) Předehřejte troubu na 350 °F a pečte 20-25 minut, nebo dokud nůž vložený do středu nevyjde čistý.

f) Před nakrájením na 16 kousků a podáváním nechte zcela vychladnout!

26. Florentské sladké brambory

Výtěžek: 4 porce

Ingredience:

- 4 střední sladké brambory
- 2, 10-uncové balíčky špenátu
- 1 lžíce olivového oleje
- 1 šalotka, mletá
- 2 stroužky česneku, mleté
- 6 sušených rajčat, nakrájených na kostičky
- 1/4 lžičky soli
- 1/4 lžičky černého pepře
- 1/4 lžičky vloček červené papriky
- 1/2 šálku částečně odtučněného sýra ricotta

Pokyny:

a) Předehřejte troubu na 400 stupňů Fahrenheita.

b) Batáty po propíchání vidličkou položte na připravený plech.

c) Pečte 45-60 minut, nebo dokud nejsou brambory uvařené. Nechte čas na vychladnutí.

d) Brambory podélně rozpůlíme nožem a dužinu brambor načechráme vidličkou, poté dáme stranou.

e) Ve velké pánvi rozehřejte olej na středním plameni. Vařte 2-3 minuty, nebo dokud šalotka nezměkne.

f) Vařte dalších 30 sekund, nebo dokud nebude česnek aromatický.

g) Ve velké míse smíchejte okapaný špenát, rajčata, sůl, černý pepř a vločky červené papriky. Vařte další 2 minuty.

h) Sundejte z plotny a dejte stranou vychladnout.

i) Do špenátové směsi zapracujte sýr ricotta.

j) Špenátovou směs podávejte na dělené batáty. Užívat si!

27. Mrkvové muffiny

Výtěžek: 24 porcí

Ingredience:

- 2 1/4 šálku staromódního ovsa
- 1 hrnek celozrnné mouky
- 1/2 šálku mletého lněného semínka
- 2 lžičky skořice
- 1/2 lžičky muškátového oříšku
- 1/2 lžičky jedlé sody
- 1/2 lžičky soli
- 1 šálek neslazeného jablečného pyré
- 1/2 šálku medu nebo čistého javorového sirupu
- 1 velké vejce
- 2 lžičky vanilkového extraktu
- 1/4 šálku nesoleného másla, rozpuštěného
- 2 střední mrkve, nastrouhané
- 1 velké jablko, nastrouhané

Pokyny:

a) Předehřejte troubu na 350 stupňů Fahrenheita.

b) Dva pečící plechy vyložte pečicím papírem.

c) Smíchejte oves, mouku, lněné semínko, skořici, muškátový oříšek, jedlou sodu a sůl ve velké míse.

d) Smíchejte jablečný protlak, med, vejce a vanilkový extrakt ve středně velké míse. Rozpusťte máslo a přidejte ho do směsi.

e) Smíchejte mokré a suché komponenty smícháním dohromady. Ve velké míse smíchejte nastrouhanou mrkev a jablko.

f) Těsto naberte na připravený plech a zarovnejte odměrkou na 1/4 šálku.

g) Pečte 14–15 minut, nebo dokud lehce nezhnědnou a neztuhnou. Před podáváním nechte vychladnout.

28. Miniaturní pekanové koláče

Výtěžek: 15 porcí

Ingredience:

- 1 lžíce másla, rozpuštěného
- 1 velké vejce
- 4 lžičky hnědého cukru
- 2 lžíce medu
- 1/4 lžičky vanilkového extraktu
- 1/2 šálku pekanových ořechů, nasekaných
- 15 mini phyllo mušlí

Pokyny:

a) Předehřejte troubu na 350 stupňů Fahrenheita.

b) Do středně velké mísy přidejte všechny ingredience kromě pekanových ořechů a skořápek phyllo a důkladně promíchejte. Přidejte nakrájené pekanové ořechy a dobře promíchejte.

c) Umístěte malé skořápky koláče na plech v rovnoměrné vrstvě. Naplňte každou skořápku do poloviny pekanovou směsí. Pokud nějaká směs zůstane, rovnoměrně ji rozdělte na všechny skořápky.

d) Pečte 10-15 minut. Před podáváním nechte vychladnout.

29.   Kakaový dort na vlasy

Porce: 12

Ingredience:

- ¾ šálku mouky, proseté
- ¼ šálku kakaa
- ¼ šálku cukru
- 10 bílků
- 1 lžička tatarského krému
- 1 hrnek cukru

Pokyny

a) Předehřejte troubu na 350 stupňů Fahrenheita.

b) Mouku, kakao a 14 hrnků cukru prosejeme.

c) Bílky ušlehejte v samostatné misce do pěny. Vyšlehejte tatarskou smetanu do tuha, ale ne do sucha. Po 1 polévkové lžíci přidávejte hrnek cukru.

d) Vmícháme vanilkový extrakt. Vmícháme malé množství moučné směsi proseté přes těsto. Opakujte, dokud nespotřebujete veškerá moučná směs.

e) Nalijte těsto do 9palcové trouby, která nebyla naolejována, a pečte 45 minut.

f) Chcete-li vychladnout, otočte pánev a po vyjmutí z trouby zavěste koláč dnem vzhůru asi na 12 hodin.

30. Tvarohový tvarohový koláč

Porce: 8

Ingredience pro kůru

- ¼ šálku tvrdého margarínu
- 1 šálek drobky z nízkotučného grahamového sušenky
- 2 lžíce bílého cukru
- ¼ lžičky skořice

Ingredience na dort

- 2 šálky nízkotučného tvarohu, pyré
- 2 vejce
- 3 lžíce univerzální mouky
- 1 lžička vanilkového extraktu
- ⅔ šálku bílého cukru NEBO ⅓ šálku Sugar Blend

Pokyny

a) Předehřejte troubu na 325 stupňů Fahrenheita.

b) Rozpusťte máslo. Smíchejte grahamové krekry, cukr a skořici v míse. Naplňte 10palcovou jarní formu do poloviny těstem.

c) Tvaroh rozmixujte v kuchyňském robotu.

d) Smíchejte mléko, vejce, mouku, vanilku a cukr, dokud se dobře nespojí. Nalijte směs do koláčové kůry.

e) Pečte 60 minut v troubě. Před podáváním nechte úplně vychladnout.

31. Mikrozelená plněná vejce

porce 9

Ingredience

- 9 vajec
- 1/4 šálku majonézy
- 2 lžíce měkkého tofu
- špetka soli
- 2 lžíce nasekaných ředkviček microgreens
- 3 lžičky připravené hořčice
- 2 nakrájené čerstvé ředkvičky volitelně

Pokyny

- Vejce vařte natvrdo, dokud nejsou hotová – 9–11 minut
- Vejce oloupejte a opatrně rozkrojte na poloviny.
- Odstraňte žluté středy a vložte je do malé misky. Přidejte zbytek ingrediencí (minus nakrájené ředkvičky) a dobře promíchejte.
- Lžící vmíchejte náplň zpět do vajec a navrch dejte plátek čerstvé ředkve a několik snítek microgreens.

32. Palačinky z hrachu

Ingredience

- 3 velká bio vejce
- 1 hrnek tvarohu
- 2 polévkové lžíce extra panenského olivového oleje
- 1/2 šálku mouky z fazolí garbanzo (cizrny).
- 1 stroužek česneku, nasekaný
- 2 lžičky citronové kůry
- 1/2 lžičky soli
- 1 šálek nakrájených výhonků hrášku
- 3 polévkové lžíce nasekané pažitky

Pokyny

a) V kuchyňském robotu nebo mixéru rozmixujte vejce, tvaroh, olej, mouku, česnek, citronovou kůru a sůl. Luštěniny ve výhoncích hrachu a pažitce.

b) Lehce vymazanou pánev rozehřejte na středním plameni.

c) V dávkách přidávejte těsto po 1/4 šálku na pánev a vařte palačinky, dokud se na povrchu nevytvoří bubliny, asi 2 až 3 minuty.

d) Otočte a vařte, dokud palačinky zespodu nezhnědnou a středy se nepropečou, asi o 1 minutu déle.

e) Během přípravy zbývajícího těsta nechte palačinky vychladnout na kovové mřížce.

33. Omeleta z vaječných bílků a microgreens

Ingredience

- 2 bílky
- Špetka soli a pepře
- 2 lžičky mléka
- Sprej na vaření

Pokyny

a) Vyšlehejte dva bílky a 2 lžičky mléka.

b) Přidejte směs na pánev s lehkou vrstvou spreje na vaření a vařte je na středním až mírném ohni.

c) Během vaření vejce osolte a opepřete, vejce otočte, až bude dno vypadat uvařené.

d) Jakmile je druhá strana hotová, přendejte ji na talíř, naplňte jej nakrájeným avokádem, rozdrobeným kozím sýrem a čerstvým mikrogreenem a přeložte napůl.

34. Pinon (hovězí jitrocelová omeleta)

Výtěžek: 4 porce

Přísada

- 3 Velmi zralé banány
- Olej na smažení
- 1 cibule; sekaný
- ½ zeleného pepře; sekaný
- 2 stroužky česneku
- ½ libry mletého hovězího masa (obvykle vynechávám)
- ¼ šálku rajčatové omáčky
- 1 lžíce kapary
- 1 lžíce nakrájených zelených oliv (volitelně)
- Sůl a pepř
- ½ libry zelených fazolí; čerstvé nebo zmrazené, nakrájené na 3-palcové kousky
- 6 vajec
- ¼ šálku másla

Pokyny

a) Banány oloupeme, nakrájíme na 2 cm silné podélné plátky a smažíme na oleji do zlatova. Vyjměte, sceďte a udržujte v teple. Na pánvi orestujte cibuli, zelený pepř a česnek do měkka, ale ne dohněda.

b) Přidejte mleté hovězí maso a smažte na vysoké teplotě po dobu 3 minut. Zalijte rajčatovou omáčkou a podle potřeby přidejte kapary a olivy. Vařte 15 minut na středním plameni za občasného míchání. Dochuťte solí a pepřem podle chuti. Fazole omyjte a vařte v páře do měkka. Rozklepněte vejce, přidejte sůl a pepř podle chuti.

c) Boky a dno kulatého kastrolu vymažeme máslem a na dně rozpustíme zbývající máslo. Vlijte polovinu rozšlehaných vajec a vařte na středním plameni asi 1 minutu nebo do mírného ztuhnutí. Vejce zakryjte jednou třetinou plátků jitrocele, poté vrstvami poloviny mletého masa a poloviny fazolí. Přidejte další vrstvu banánů, zbytek mletého hovězího masa, další vrstvu fazolí a navrch dejte banány. Vršek zalijeme zbytkem rozšlehaných vajec. Vařte na mírném ohni 15 minut odkryté, dávejte pozor, aby se omeleta nepřipálila.

d) Poté vložte do předehřáté trouby na 350 stupňů na 10 až 15 minut, aby se vršek zhnědl.

e) Podáváme s rýží a fazolemi. Vynikající na oběd.

35.   Portorické rýžové housky

Výtěžek: 24 buchet

Přísada

- 2 šálky mléka
- 2 unce másla
- ¾ lžičky soli
- 2 šálky Velmi jemné rýžové moučky
- 2 lžičky prášku do pečiva
- 3 vejce
- ½ libry jemný bílý sýr
- Sádlo nebo rostlinný olej na smažení

Pokyny

a) V hrnci zahřejte k varu, Ingredience v "A" a odstraňte z ohně.

b) Smíchejte rýžovou mouku a prášek do pečiva a promíchejte s obsahem v hrnci. PO JEDNOM přidávejte vejce a promíchejte.

c) Vařte na mírném ohni za stálého míchání dřevěnou lžící, dokud se směs neoddělí od stěn a dna hrnce.

d) Odstraňte z tepla. Sýr rozmačkáme vidličkou a přidáme. Důkladně promíchejte.

e) Směs přidávejte po lžících do tuku, zahřátého na 375 F, dokud nezhnědne. Vyjměte a nechte okapat na savém papíru.

36. Flan de queso de Puerto Rico

Výtěžek: 4 porce

Přísada

- 4 velká vejce
- 1 plechovka (14 Oz) kondenzovaného mléka; Slazené
- 1 plechovka (12 oz.) odpařené mléko
- 6 uncí smetanového sýra
- 1 lžička vanilkového extraktu

Pokyny

a) Smíchejte vejce, mléko a vanilku dohromady.

b) Smetanový sýr zjemněte a smíchejte s ostatními ingrediencemi. Dávejte pozor, abyste smetanový sýr nepřemíchali, protože by to způsobilo vzduchové kapsy v koláčku.

c) Připravte karamel vařením ½ šálku cukru na mírném plameni, dokud cukr nezkapalní. Použijte k tomu kovovou nádobu.

d) Natočte do pánve/ramekinu tolik karamelu, aby zakryl dno.

e) Jakmile je cukr tvrdý, nalijte těsto, které jste připravili podle pokynů 1 a 2, do pánve/ramekin.

f) vložte pánev/ramekin do vany. Pánev/ramekin, ve kterém jsou ingredience, by měla být ze ¾ ponořená ve vodě.

g) Pečte při 325 stupních Fahrenheita asi ½ hodiny. Okraj je hotový, když nůž/párátko vložené do něj vyjde čisté.

37. Portoriko sekaná

Výtěžek: 1 porce

Přísada

- 1 libra mletého masa
- 1 vejce
- 1 malá nakrájená cibule
- Česneková sůl
- Petržel
- ½ šálku strouhanky
- ½ šálku mléka
- 1 lžíce hořčice
- 2 kostky hovězího bujonu
- 1 lžíce worcesterské omáčky
- 5 mrkví, ale podélně
- 1 plechovka Rajčatová šťáva
- 2 střední brambory

Pokyny

a) Smícháme mleté maso, vejce, cibuli, česnekovou sůl, petržel, strouhanku, mléko a hořčičný obal.

b) Zabalte do ochucené mouky s paprikou, solí a pepřem. Opékáme na elektrické pánvi, opékáme ze všech stran. Přidejte kostky bujónu, worchesterskou omáčku, mrkev, rajčatovou šťávu a brambory.

c) Vařte zakryté vše spolu s masem asi 1 hodinu a 15 minut, nebo dokud není dobře propečené.

38. Avokádo plněné uzenou rybou

Výtěžek: 4 porce

Přísada

- 4 vejce natvrdo
- ¼ šálku mléka
- ¼ šálku přecezené čerstvé limetkové šťávy
- ¼ lžičky cukru
- ½ lžičky soli
- ⅓ šálku rostlinného oleje
- 2 lžíce olivového oleje
- ½ libry uzené bílé ryby
- 2 velká zralá avokáda
- 12 proužků čerstvé červené papriky

Pokyny

a) V hluboké misce rozmačkejte žloutky a mléko lžící nebo vidličkou, dokud nevytvoří hladkou pastu. Přidejte 1 polévkovou lžíci limetkové šťávy, cukr a sůl.

b) Poté po lžičkách nebo tak nějak vmíchejte rostlinný olej; před přidáním dalších se ujistěte, že je každý přídavek absorbován. Za stálého šlehání přidávejte po lžičkách olivový olej. Do omáčky vmícháme zbývající limetkovou šťávu a dochutíme kořením.

c) Rybu dejte do misky a vidličkou ji najemno nastrouhejte. Přidejte nakrájené bílky a omáčku a jemně, ale důkladně promíchejte.

d) Rybí směs vmícháme do půlek avokáda

39.   Pečená vejce s uzeným lososem

Výtěžek: 2 porce

Přísada

- 2 lžíce másla
- 3 lžíce měkké strouhanky
- 2 vejce
- 1 stroužek česneku; mletý
- 2 unce smetanového sýra
- 2 unce uzeného lososa; nakrájený
- 2 unce sýra Sharp čedar; strouhaný
- 1 rajče; hustě nakrájené

Pokyny

a) Máslové kastrolky. Na dno a na boky každé přitlačte 2 až 3 lžičky strouhanky. Zbývající drobky rozmixujte s 1 T. másla, rezervujte. Do každé misky rozbijte vajíčko. Česnek rozmačkejte se smetanovým sýrem a jemně položte na vejce. Přidejte uzeného lososa a podle potřeby skládejte dlouhé nudličky.

b) Lososa posypeme strouhaným čedarem. Na každé jídlo položíme 1 tučný plátek rajčat. Na každé jídlo rozdrobte polovinu strouhanky a pečte v troubě na 350 stupňů po dobu 8 až 15 minut, poté 2 až 3 minuty opékejte, dokud povrch nezhnědne a nebude mírně křupavý. Podávejte najednou.

40.   Sázené vejce a uzený losos

Výtěžek: 4 porce

Přísada

- ½ šálku zakysané smetany
- 3 lžíce nasekané pažitky
- 2 lžíce bílého vína
- sůl; ochutnat
- čerstvě mletý černý pepř; ochutnat
- 4 velká vejce
- 4 velké právě upečené brambory
- 4 unce uzeného lososa; julienned
- 1 nakrájená pažitka
- 1 nadrobno nakrájený kaviár z červené cibule

Pokyny

a) V malé misce smíchejte zakysanou smetanu, pažitku a bílé víno; dochutíme solí a pepřem. Dát stranou. V mělké pánvi nebo pánvi přiveďte na střední teplotu k varu 2palcovou studenou vodu a ocet.

b) Snižte teplotu, dokud se voda mírně nerozvaří. Rozbijte vejce, jedno po druhém, do ramekinu nebo šálku kávy. Držte ramekin co nejblíže k vodě a opatrně vložte vejce do vody. Pošírujte vejce 3 minuty pro velmi měkká, 5 minut pro středně měkká.

c) Pomocí děrované lžíce vydlabejte vejce. V případě potřeby jemně osušte papírovými utěrkami. Nakrájejte otevřený vršek pečených brambor a vymačkejte. Navrch poklaďte vejci a křižte proužky lososa. Lososa a kolem brambor pokapejte pomocí stlačovací láhve nebo lžičky omáčkou ze zakysané smetany.

d) Ozdobte ozdobně pažitkou, cibulkou a kaviárem a ihned podávejte.

41. Konzervované žloutky

Ingredience

- 1½ šálku cukru
- 1½ šálku košer soli
- 8 vajec

Pokyny

a) Smíchejte 1 šálek cukru a 1 šálek soli na dně 8palcové čtvercové pánve nebo nádoby dostatečně velké, aby obsahovala osm žloutků, aniž byste se dotkli.

b) Zadní stranou polévkové lžíce vytvarujte osm rovnoměrně rozmístěných zářezů v kůře ze soli a cukru. Nekopejte příliš hluboko; chcete, aby se každá část spodní části žloutku dotýkala cukru a soli.

c) V samostatné misce oddělte jedno vejce. Opatrně přeneste vaječný žloutek do jedné z prohlubní a bílek si ponechte pro další použití. Postupujte podle toho se zbytkem vajec, jedno po druhém. Je v pořádku, když omylem zlomíte žloutek, ale nejlepší je nechat je neporušené.

d) Jemně nasypte zbývající ½ šálku cukru a ½ šálku soli na žloutky, abyste vytvořili malé kopečky. Ujistěte se, že jsou žloutky zcela zakryté.

e) Zakryjte misku nebo nádobu těsným víkem nebo plastovým obalem. Opatrně přesuňte do lednice a nechte žloutky 4 dny zatuhnout.

f) Na plech položte mřížku. Umístěte žloutky na mřížku a poté vložte pánev do trouby. Nechte je zaschnout a dokončete vytvrzování po dobu 35 minut. Vaše žloutky jsou nyní připraveny k použití.

42. Vejce ve slaném nálevu

Ingredience

- 6 vajec
- ¾ šálku košer soli
- 3 šálky vody

Pokyny

a) Umístěte třílitrovou (nebo větší) nádobu s víkem na stabilní povrch na chladném místě mimo dosah přímého slunečního záření. Opatrně vložte celá vejce do nádoby a dávejte pozor, abyste je za pochodu nerozbili.

b) Smíchejte sůl a vodu v džbánu a míchejte, dokud nezískáte zakalenou solanku. Jemně nalijte lák na vejce, aby byla zcela pokryta.

c) Vejce nechte uležet ve slaném nálevu alespoň 5 týdnů. Po 12 týdnech budou příliš slané, než aby si je mohli vychutnat. Na vejcích nedojde k žádné vizuální změně.

d) Chcete-li uvařit vejce, položte na sporák malý kastrol. Jemně vyjměte vejce z nálevu a opatrně je vložte na dno hrnce

e) Vejce zalijte džbánem čerstvé vody, aby byla zcela pokryta. Hrnec přikryjeme a vaříme na vysoké teplotě, dokud se voda rychle nezačne vařit. Vypněte oheň, zakryjte hrnec a nastavte časovač na 6 minut.

f) Když čas vyprší, vejce okamžitě slijte a poté je spusťte pod studenou vodou, dokud nevychladnou natolik, že se s nimi dá manipulovat. Použijte ihned nebo chlaďte v chladničce po dobu až 1 týdne.

g) Chcete-li podávat, jemně uválejte vejce, aby se skořápka po celém povrchu rozbila. Oloupejte vejce. Bílek bude ztuhlý, ale měkký a žloutek bude velmi pevný a jasný. Vejce jezte celá, podélně je rozpůlte nebo nakrájejte.

43. Sójová omáčka kouřová vejce

Přísada

- 6 vajec
- 1½ šálku vody
- 1 šálek sójové omáčky
- 2 lžíce rýžového octa
- 2 lžíce cukru
- 4 čajové lžičky čaje lapsang souchong v čajovém sáčku nebo čajové kouli pro snadné vyjmutí

Pokyny

1. Opatrně umístěte vejce v jedné vrstvě do středního hrnce a zakryjte 2 palce vodou. Hrnec přikryjeme a vaříme na vysoké teplotě, dokud se voda rychle nezačne vařit. Vypněte oheň, zakryjte hrnec a nastavte časovač na 6 minut. Když čas vyprší, vejce okamžitě slijte a poté je spusťte pod studenou vodou, dokud nevychladnou natolik, že se s nimi dá manipulovat.

2. Vraťte kastrol na sporák a přidejte vodu, sójovou omáčku, ocet, cukr a čaj. Tuto solanku přiveďte k varu a míchejte, aby se cukr rozpustil. Vypněte oheň a zakryjte lák, aby zůstal teplý.

3. Mezitím rozbijte vaječné skořápky, abyste získali mramorově vypadající vejce, nebo je zcela oloupejte, abyste získali hladký vzhled a více chuti sójové omáčky. Chcete-li rozbít skořápku, jemně klepejte její horní a spodní částí o pracovní desku a poté ji otočte podél její strany. Pokud vejce loupete úplně, pro dosažení nejlepších výsledků začněte loupat vejce z velkého kulatého vršku, kde si všimnete malé kapsy pod skořápkou.

4. Umístěte rozbitá nebo oloupaná vejce do $1\frac{1}{2}$ litrové zavařovací sklenice. Čaj vyhoďte a vejce zalijte lákem, aby byla zcela ponořená. Pokud vejce plavou, zatižte je malým sáčkem na zip plným vody.

5. Vejce zakryjte a dejte do lednice alespoň na 6 hodin, aby nabrala chuť nálevu.

44. Kari nakládaná vejce

Přísada

- 6 vajec
- 2 lžíce semínek kmínu
- 2 lžičky mletého koriandru
- 1½ šálku vody
- 1 šálek jablečného octa
- 3 stroužky česneku, rozdrcené a oloupané
- 3 tenké plátky čerstvého zázvoru
- 2 lžičky mleté kurkumy
- 2 lžičky kuliček černého pepře
- 2 lžičky košer soli

Pokyny

a) Opatrně vložte vejce v jedné vrstvě do středního hrnce a zakryjte 2 palce vodou. Hrnec přikryjeme a vaříme na vysoké teplotě, dokud se voda rychle nezačne vařit. Vypněte oheň, zakryjte hrnec a nastavte časovač na 6 minut.

b) Přidejte kmín a koriandr a opékejte na středním plameni za častého míchání, dokud nebudou voňavé, asi $2\frac{1}{2}$ minuty. Okamžitě přidejte $1\frac{1}{2}$ šálku vody, abyste zastavili vaření, poté přidejte ocet, česnek, zázvor, kurkumu, kuličky pepře a sůl. Zvyšte teplo na maximum a dejte vařit lák.

c) Mezitím rozbijte skořápku jemným poklepáním jejím horním a spodním okrajem o pracovní desku a poté ji otočte podél její strany.

d) Dejte oloupaná vejce do $1\frac{1}{2}$litrové zavařovací sklenice. Nalijte lák (včetně jeho pevných látek) na vejce, aby byla ponořena v nálevu.

e) Vejce zakryjte a dejte do lednice alespoň na 4 dny, aby nabrala chuť nálevu.

45. Vejce nakládaná řepou

Přísada

- 6 vajec

- 1 velmi malá červená řepa, oloupaná a nakrájená na čtvrtky

- 1 stroužek česneku, rozdrcený a oloupaný

- 2 lžičky cukru

- 2 lžičky košer soli

- 1 lžička zrnek černého pepře

- ½ lžičky celerových semínek

- ½ lžičky koprových semínek

- ¼ lžičky vloček červené papriky (volitelně)

- 2 celé hřebíčky

- 1 malý bobkový list

- 1½ šálku vody

- ¾ šálku jablečného octa

Pokyny

a) Opatrně vložte vejce v jedné vrstvě do středního hrnce a zakryjte 2 palce vodou. Hrnec přikryjeme a vaříme na vysoké teplotě, dokud se voda rychle nezačne vařit. Vypněte oheň, zakryjte hrnec a nastavte časovač na 6 minut.

b) Smíchejte řepu, česnek, cukr, sůl, kuličky pepře, celerová semínka, semena kopru, vločky pepře, hřebíček, bobkový list, vodu a ocet v hrnci na vysokou teplotu. Tuto solanku přiveďte k varu a míchejte, aby se rozpustil cukr a sůl.

c) Mezitím rozbijte skořápku tak, že její horní a spodní část jemně poklepete na pracovní desku a poté ji převalíte podél její strany.

d) Dejte oloupaná vejce do 1½ litrové zavařovací sklenice. Vejce zalijte teplým lákem

46. Kukuřičné muffiny s uzeným krocanem

Výtěžek: 36 porcí

Přísada

- 1½ šálku žluté kukuřičné mouky
- 1 šálek mouky, prosévané univerzální
- ⅓ šálku cukru
- 1 lžíce prášku do pečiva
- 1 lžička soli
- 1½ šálku mléka
- ¾ šálku másla, rozpuštěného, chlazeného
- 2 vejce, mírně rozšlehaná
- ½ libry Uzená krůtí prsa, nakrájená na tenké plátky
- ½ hrnku brusinkového dochucení nebo medové hořčice

Pokyny

a) Předehřejte troubu na 400 stupňů. Máslové formičky na mini muffiny. Ve velké míse smíchejte kukuřičnou mouku, cukr, prášek do pečiva a sůl. Smíchejte mléko, máslo a vejce ve střední misce. Mléčnou směs vmíchejte do směsi kukuřičné mouky, dokud nezvlhne. Těsto nalijte do mini formiček na muffiny.

b) Pečte dozlatova, 14-16 minut. Nechte pět minut vychladnout na mřížce. Vyjměte z pánví a nechte zcela vychladnout.

47. Uzený losos s bramboráky

Výtěžek: 2 porce

Přísada

- 150 gramů Bramborová kaše
- 15 mililitrů bílé mouky
- 30 mililitrů mléka
- 2 vejce, rozšlehaná
- Sůl a čerstvě mletý černý pepř
- 1 salátová cibule; jemně nasekané
- 100 gramů odřezků uzeného lososa
- 1 lžíce olivového oleje
- 225 gramů Filet z lehce uzeného lososa
- 2 vejce, pošírovaná

Pokyny

a) Smíchejte brambory, mouku, mléko, vejce a koření na hladké těsto.

b) Vmícháme odřezky cibule a lososa.

c) Rozpálíme pánev, přidáme trochu oleje a přidáme velkou lžíci směsi. Ze směsi by mělo vzniknout asi 6–8 palačinek, každá o průměru 8 cm (3").

d) Smažte každou stranu 1-2 minuty na středním ohni nebo do zlatohnědé. Dejte stranou a udržujte v teple.

e) Na pánvi rozehřejte olivový olej, přidejte plátky lehce uzeného filetu z lososa a opékejte z každé strany 1 minutu.

48. Pečený uzený losos a sýr feta

Výtěžek: 2 porce

Přísada

- 3 unce Uzený losos, nakrájený na kostičky
- 6 uncí smetanového sýra, změkčeného
- 3 unce sýra Feta
- 1 vejce, mírně rozšlehané
- 1 lžička kapary
- 2 lžíce Jemně nasekané petrželky
- 4 jarní cibulky, posypané, nakrájené na kostičky
- 1 lžíce máku

Pokyny

a) Budete také potřebovat 1 mražený plát těsta, nakrájený na obdélník 3" X 8" a trochu rozpuštěného másla. Předehřejte troubu na 375 stupňů. Ve střední misce ručně smíchejte lososa, smetanový sýr, sýr Feta, vejce, kapary, petržel a jarní cibulku. Plát těsta rozválíme na dvojnásobnou velikost.

b) Klidně ho potřete rozpuštěným máslem. Lososovou směs rozetřeme na plát. Srolujte, želé-role, přeložením konců k utěsnění. Vršek rolády potřeme rozpuštěným máslem a posypeme mákem. Udělejte ½ palce hluboké diagonální řezy přes roli, aby mohla unikat pára. Roládu pečte 20 až 30 minut nebo dozlatova. Podávejte teplé.

49. Cheesecake z uzeného lososa

Výtěžek: 1 porce

Přísada

- 12 uncí smetanového sýra, změkčeného
- ½ kila uzeného lososa nebo Lox
- 3 vejce
- ½ šalotka, mletá
- 2 lžíce těžké smetany
- 1½ lžičky citronové šťávy
- špetka soli
- špetka bílého pepře
- 2 lžíce granulovaného cukru
- ½ šálku bílého jogurtu
- ¼ šálku zakysané smetany
- 1 lžíce citronové šťávy
- ¼ šálku mleté pažitky
- Nakrájené červené a žluté papriky

Pokyny

a) V míse mixéru ušlehejte sýr, dokud nebude velmi měkký. V kuchyňském robotu rozmixujte lososa na pastu; přidejte vejce po jednom a šalotku.

b) Umístěte směs lososa do misky; vmícháme smetanu, citronovou šťávu, sůl, pepř a cukr; dobře promíchejte. Vmícháme do šlehačky.

c) Nalijte do máslem vymazané 7- nebo 8palcové jarní formy. Naplněnou formu vložte do většího pekáče; obklopte menší pánev 1 palcem horké vody. Pečte 25 až 30 minut.

d) Mezitím si připravte omáčku.

1.

50. Čedarové koláčky

Výtěžek: 8 porcí

Přísada

- 4 šálky Směs sušenek
- 1¼ šálku mléka
- 2 vejce
- ¼ šálku másla; roztavený
- 2½ šálku jemně nastrouhaného sýra Cheddar
- Uzená krůta; na tenké plátky

Pokyny

a) Smíchejte sušenkovou směs, mléko, vejce, máslo a sýr; dobře promíchejte, dokud ingredience nezvlhnou.

b) Po lžících dávejte na lehce vymaštěný plech. Zahřejte troubu na 400°F; pečte 12 až 14 minut nebo dozlatova. Vyjměte z trouby a před vyjmutím z plechu mírně vychladněte.

c) Chcete-li podávat, nakrájejte koláčky na polovinu a naplňte malým plátkem krůty.

51. Pažitkové bramboráky

Výtěžek: 6 porcí

Přísada

- 2 libry červenohnědých brambor; oloupané a nakrájené na kostky
- 1 střední cibule; nakrájíme na kousky
- 2 polévkové lžíce Matzo Meal; nebo víceúčelová mouka
- 2 vejce; oddělené
- 4 lžíce čerstvé pažitky; sekaný
- 2 lžičky Sůl
- ½ lžičky bílého pepře
- ⅔ šálku kukuřičného oleje; na smažení
- 6 uncí uzeného lososa; na tenké plátky
- 3 unce zlatého kaviáru

Pokyny

a) Nakrájejte brambory a cibuli v kuchyňském robotu. Přeneste obsah pracovní mísy do velké mísy.

b) Umístěte velké sítko na střední misku. Vložte bramborovou a cibulovou směs do cedníku a pevně přitlačte, aby se extrahovaly tekutiny; rezervní tekutiny.

c) Vraťte bramborovou směs do velké mísy. Vmícháme matzo, žloutky, 2 lžíce pažitky, sůl a pepř. Přidejte pastu do bramborového těsta. Z bílků ušlehejte tuhý, ale ne suchý sníh; vložit do těsta.

d) Zahřejte ⅓ šálku oleje v každé ze 2 těžkých velkých pánví na středně vysokou teplotu. Do rozpáleného oleje vhoďte 1 vrchovatou polévkovou lžíci bramborového těsta na palačinku; každý rozprostřete na průměr 3". Pečte palačinky, dokud nebudou spodky hnědé

52. Kukuřice a uzený krůtí pudink

Výtěžek: 4 porce

Přísada

- 2 lžíce másla
- ½ šálku jemně nakrájené cibule
- 1 šálek Jemně nakrájené červené papriky
- 1 lžíce kukuřičného škrobu rozpuštěného v kuřecím vývaru
- 1 šálek světlé smetany
- 4 vejce, oddělená
- 1 lžička dijonské hořčice
- 2 šálky Rozmražená kukuřičná zrna
- 1 šálek strouhaného uzeného krocanu
- Sůl a čerstvě mletý černý pepř

Pokyny

1. Na 9palcové pánvi rozehřejte máslo. Vařte cibuli a papriku do měkka a cibule trochu dohněda.

2. Po vychladnutí je přendejte do mísy a přidejte kukuřičný škrob, smetanu, žloutky a hořčici. Dobře prošlehejte, aby se prolnuly.

3. Do vaječné směsi vmícháme kukuřici a krůtu. Dochuťte solí a pepřem. Vyšlehejte bílky, dokud nebudou tuhé, ale nebudou suché, a vmíchejte je do žloutkové směsi.

4. Přendejte do máslem vymazané zapékací mísy a pečte 35 až 40 minut nebo do zhnědnutí a nafouknutí.

5. Podávejte s přílohou z nakrájených zralých rajčat a vinaigrette.

53. Smetanový uzený losos a koprový koláč

Výtěžek: 6 porcí

Přísada

- 5 List phyllo - rozmražený
- 3 lžíce nesoleného másla – rozpuštěného
- 4 velké žloutky
- 1 lžíce dijonské hořčice - PLUS 1 lžička
- 3 velká vejce
- 1 šálek Půl na půl
- 1 šálek smetany ke šlehání
- 6 uncí Uzený losos - nakrájený
- 4 zelené cibule - nakrájené
- $\frac{1}{4}$ šálku kopru

Pokyny

1. Plech na hluboký koláč o průměru 9-½ palce máslem. Umístěte 1 list phyllo na pracovní plochu. Plát phyllo potřete máslem a přeložte podélně napůl.

2. Složený povrch potřete máslem. Rozřízněte napůl křížem. Vložte 1 filový obdélník namazanou stranou dolů do připraveného koláčového talíře. Vršek fylo v koláčovém talíři potřete máslem. Umístěte druhý filový obdélník do koláčového talíře, zakryjte dno a nechte pečivo přesahovat další část okraje o ½ palce; potřeme máslem.

3. Předehřejte troubu na 350 F. Ve střední misce rozšlehejte žloutky a hořčici, aby se smíchaly. Rozšleháme vejce, půl na půl, smetanu, lososa, cibuli a nasekaný kopr. Dochutíme solí a pepřem. Nalijte do připravené kůry.

4. Pečte, dokud střed neztuhne, asi 50 minut. Přeneste do stojanu. Chladný.

5. Ozdobte snítkami kopru a podávejte mírně teplé nebo při pokojové teplotě

54. Latkes s uzeným lososem

Výtěžek: 1 porce

Přísada

- 2 libry Brambory, oloupané
- 1 vejce
- 2 lžíce mouky
- ½ lžičky soli
- Mletý pepř dle chuti
- 2 unce Uzený losos, mletý
- 1 šálek zelené cibule, nakrájené
- 3 lžíce rostlinného oleje
- Latkes z uzeného lososa

Pokyny

1. Brambory nastrouháme a rukama vymačkáme co nejvíce šťávy.

2. Vložte brambory do velké mísy, přidejte mouku, sůl a pepř; dobře promíchejte.

3. Přidejte uzeného lososa a zelenou cibulku, promíchejte, aby se spojily

4. Nalijte 1 polévkovou lžíci. olej do velké zapékací mísy s mělkými stranami; rozetřete dno olejem.

5. Vhoďte velkou polévkovou lžíci bramborové směsi $\frac{1}{2}$ palce od sebe do vymazané misky, mírně zploštěte.

6. Pečte v troubě asi 8 minut nebo dokud nejsou latkes zlatavé.

55. Javorovo-skořicové ovesné palačinky

Ingredience

- 1½ šálku staromódního rolovaného ovsa
- ½ hrnku celozrnné mouky
- 1 lžička mleté skořice
- 1 lžička prášku do pečiva
- 2 šálky nízkotučného podmáslí
- 2 lžíce javorového sirupu
- 1 vejce
- Sprej na vaření

Pokyny

1. Ve střední míse smíchejte ovesné vločky, mouku, skořici a prášek do pečiva.
2. Ve velké míse prošlehejte podmáslí, javorový sirup a vejce.
3. Přidejte suchou směs k mokré směsi ve 2 nebo 3 přídavcích a po každém přidání dobře promíchejte. Necháme 10 až 15 minut odstát, dokud směs nezhoustne.
4. Nastříkejte nepřilnavou pánev sprejem na vaření a zahřejte ji na střední teplotu. Nalijte těsto do pánve, asi ¼ šálku na každou palačinku, a vařte 2 až 3 minuty, dokud se na povrchu neobjeví bublinky. Odklopte a vařte další 1 až 2 minuty, dokud každá palačinka na druhé straně nezhnědne.

56. Švýcarský mangold a Quinoa Frittata

SLUŽBA 6

Přísada

- Sprej na vaření
- ⅓ šálku nekořeněné strouhanky
- 1 lžíce olivového oleje
- 1 střední cibule, nakrájená na kostičky
- 2 stroužky česneku, nasekané
- Listy švýcarského mangoldu o hmotnosti 1 libry, odstraněný tuhý středový stonek a listy nakrájené na tenké plátky
- 1 lžíce mletého čerstvého tymiánu
- ¼ lžičky vloček červené papriky
- 1 šálek quinoa, vařené
- 1 šálek částečně odtučněného sýra ricotta
- ¼ lžičky čerstvě mletého pepře
- 2 vejce, lehce rozšlehaná

Pokyny

1. Předehřejte troubu na 350 °F.

2. Postříkejte zapékací mísu o rozměrech 8 x 8 palců sprejem na vaření a potřete ji strouhankou.

3. Ve velké pánvi rozehřejte olej na středně vysokou teplotu. Přidejte cibuli a česnek a vařte za častého míchání do změknutí, asi 5 minut.

4. Přidejte mangold a za častého míchání vařte další 3 až 4 minuty, dokud zelí nezvadne. Vmícháme tymián a vločky červené papriky.

5. Sundejte pánev z plotny a přeneste mangoldovou směs do střední mixovací nádoby.

6. Uvařenou quinou, sýr, pepř a vejce vmícháme do mangoldové směsi. Směs přendejte do připraveného pekáčku a pečte v troubě asi 1 hodinu, dokud okraje nezačnou hnědnout a střed neztuhne.

7. Před nakrájením na čtverce nechte frittatu několik minut vychladnout. Podávejte teplé nebo při pokojové teplotě.

57. Pikantní pečená vejce s kozím sýrem

SLUŽBA 4

Přísada

- Sprej na vaření
- 10 uncí mraženého nakrájeného špenátu, rozmraženého a vymačkaného do sucha
- 4 vejce
- ¼ šálku tlusté salsy
- ¼ šálku rozdrobeného kozího sýra
- Čerstvě mletý pepř

Pokyny

1. Předehřejte troubu na 325 °F.

2. Postříkejte čtyři 6-uncové ramekiny nebo pudinkové šálky sprejem na vaření.

3. Spodní část každé ramekin pokryjte špenátem a rovnoměrně ho rozdělte. Uprostřed každé vrstvy špenátu udělejte mírnou prohlubeň.

4. Na špenát v každém ramekinu rozklepněte jedno vejce. Každé vejce naplňte 1 lžící salsy a 1 lžící kozího sýra. Posypte pepřem.

5. Ramekiny dejte na plech a pečte v troubě asi 20 minut, dokud bílky úplně neztuhnou, ale žloutek je ještě trochu tekutý. Ihned podávejte.

60. Omeleta s česnekovými houbami a sýrem

SLUŽBA 1

Přísada

- 2 vejce
- 1 lžička vody
- Čerstvě mletý pepř
- Sprej na vaření
- ½ lžičky mletého česneku
- 4 unce nakrájené knoflíkové nebo krémové houby
- 1 unce strouhaného švýcarského sýra s nízkým obsahem sodíku
- 1 lžička mleté čerstvé petrželky

Pokyny

1. V malé misce rozšlehejte vejce, vodu a pepř podle chuti, dokud se dobře nespojí.

2. Nastříkejte malou nepřilnavou pánev sprejem na vaření a zahřejte ji na středním ohni. Přidejte česnek a houby a za častého míchání vařte, dokud houby nezměknou, asi 5 minut. Houbovou směs přendejte do misky.

3. V případě potřeby znovu postříkejte pánev sprejem na vaření a umístěte ji na střední teplotu. Přidejte vejce a vařte je, dokud okraje nezačnou tuhnout. Stěrkou zatlačte nasazené vajíčko od okrajů směrem ke středu. Nakloňte pánev, aby se nevařené vejce rozprostřelo po vnějšku odsazeného vejce. Vařte, dokud omeleta téměř neztuhne.

4. Uvařené houby vložíme do omelety v linii uprostřed. Navrch dejte sýr a polovinu petrželky.

5. Přeložte jednu stranu omelety přes vršek druhé strany. Nechte vařit asi 1 minutu, aby se sýr rozpustil.

6. Omeletu přendejte na talíř a ihned podávejte, ozdobenou zbylou petrželkou.

61. Žvýkací jablečné měsíčky

Výtěžek: 18 porcí

Přísada

- ¾ šálku Šťáva, jablko -- koncentrát
- ½ šálku Jablka - sušená
- 2 vejce
- ¼ šálku másla - rozpuštěného a vychladlého
- 1 lžička vanilky
- 1¼ šálku mouky
- ½ lžičky prášku do pečiva
- ½ lžičky skořice - mleté
- ¼ lžičky soli
- ⅛ lžičky Muškátový oříšek - mletý

Pokyny

1. Nakrájejte ovoce. Kombinujte koncentrát jablečné šťávy a jablka; nechte 10 minut stát.

2. Předehřejte troubu na 350 °C. Ve střední misce rozklepněte vejce. Smíchejte koncentrovanou směs, máslo a vanilku. Přidejte zbývající ingredience a dobře promíchejte. Lžíce těsta dejte 2" na vymazané plechy.

3. Pečte 10-12 minut, dokud nebudou pevné a zlatavě hnědé.

62. Cukrovinka s nízkým obsahem sodíku

Výtěžek: 4 porce

Přísada

- 1½ šálku zeleninového tuku
- 2¾ šálku cukru
- 9 vajec
- 1 citron; Šťáva z
- 1 lžička vanilky
- 2 hrnky prosáté mouky na koláč

Pokyny

1. Zahřejte troubu na 300 stupňů. 10palcovou trubkovou pánev vymažte tukem a moukou.

2. Krémový zkrácení do hladka. Postupně dobře přidávejte cukr a smetanu.

3. Přidávejte vejce jedno po druhém a po každém dobře zamíchejte. Vmíchejte citronovou šťávu a vanilku. Dortovou mouku prosejeme a přidáme ke směsi.

4. Nalijte směs do zkumavky. Pečte 1½ hodiny nebo dokud nebudou provedeny testy.

63. Hnědý cukr - pekanová zmrzlina

SLUŽBA 8

Přísada

- 1 lžíce vody
- 1½ lžičky neochucené práškové želatiny
- 2½ šálků nízkotučného mléka
- ¾ šálku baleného tmavě hnědého cukru
- ½ lžičky mleté skořice
- 3 žloutky
- 1 (12 uncí) plechovka odtučněného odpařeného mléka
- 1 lžička vanilkového extraktu
- ½ šálku nasekaných pekanových ořechů

Pokyny

1. Ve velkém hrnci zahřejte na střední teplotu $1\frac{1}{2}$ šálku mléka. Když je mléko horké, vmíchejte hnědý cukr a skořici a dále zahřívejte.

2. Ve středně velké míse prošlehejte žloutky a odpařené mléko. Za stálého šlehání přidávejte do vaječné směsi tenkým pramínkem horkou mléčnou směs, dokud se dobře nespojí.

3. Přeneste směs zpět do hrnce a za stálého míchání zahřívejte na středním plameni, dokud směs nezačne houstnout, asi 5 minut.

4. Směs přecedíme přes jemné síto do mísy a zašleháme do ní směs želatiny a vody.

5. Vmíchejte zbývající 1 šálek mléka a vanilkový extrakt, přikryjte a dejte chladit do lednice alespoň na 2 hodiny nebo přes noc.

6. Směs promíchejte, přendejte do zmrzlinovače a zmrazte podle návodu výrobce. Když je směs téměř zmrzlá, přidejte pekanové ořechy.

64. Lemon Meringue Layer Cake

Přísada

Na dort:
- Sprej na vaření
- Univerzální mouka, na posypání
- 4 vejce, pokojové teploty
- ⅔ šálku cukru
- 1 lžička vanilkového extraktu
- 1 lžička citronové kůry
- 3 lžíce řepkového oleje
- ¾ šálku mouky na koláč

Na náplň:
- 1 plechovka slazeného kondenzovaného mléka bez tuku
- 1 lžička citronové kůry
- ⅓ šálku čerstvé citronové šťávy

Na polevu:
- 2 bílky, pokojové teploty
- ¼ lžičky tatarského krému
- ¼ šálku cukru
- ¼ lžičky vanilkového extraktu

Pokyny

Jak vyrobit dort:

1. Ve velké míse smíchejte vejce a cukr a šlehejte elektrickým šlehačem nastaveným na středně vysokou rychlost, dokud nebude nadýchaná a světle žlutá, 8 až 10 minut. Přidejte vanilku a citronovou kůru.

2. Pomocí gumové stěrky jemně vmíchejte olej.

3. Míchejte v mouce jen do zapracování.

4. Těsto přendejte do připravených forem na pečení a rovnoměrně je rozdělte.

5. Koláče pečte 20 až 22 minut, dokud párátko zapíchnuté do středu nevyjde čisté.

6. Formičky umístěte na mřížku na 10 minut vychladnout, poté koláčky vyklopte na mřížku a zcela vychladněte.

65. Čokoládový krémový koláč

SLUŽBA 8
Přísada

Pro kůru:
- 1 ¼ šálku čokoládových drobků
- 3 lžíce nesoleného másla, rozpuštěného

Na náplň:
- ¾ šálku cukru
- ¼ šálku kukuřičného škrobu
- ¼ šálku neslazeného kakaového prášku
- 1¾ šálků nízkotučného mléka nebo světlého kokosového mléka
- 1 vejce
- 4 unce hořkosladké čokolády, jemně nasekané
- Nemléčná šlehaná poleva bez tuku, k podávání

Pokyny

1. Ve velkém hrnci nastaveném na střední teplotu prošlehejte cukr, kukuřičný škrob a kakao. Přidejte mléko a vejce a pokračujte ve šlehání do hladka.

2. Vařte za stálého míchání, dokud směs nebublá a nezhoustne, asi 5 minut.

3. Odstraňte směs z ohně a přidejte čokoládu, míchejte, dokud se úplně nerozpustí a nezapracuje.

4. Náplň nalijte do připravené krusty, přikryjte igelitem, přitiskněte plast na povrch náplně a chlaďte do ztuhnutí, alespoň 4 hodiny.

5. Podáváme vychlazené, podle chuti přelité ovocem nebo šlehačkou.

66. Višňovo-mandlové sušenky

VYTVÁŘÍ 18 BISCOTTI

Přísada

- 1 hrnek univerzální mouky
- 1 hrnek celozrnné mouky
- ½ lžičky prášku do pečiva
- ½ lžičky jedlé sody
- ¼ šálku nesoleného másla
- ½ šálku krystalového cukru
- ¼ šálku hnědého cukru
- 2 vejce
- 1 lžíce vanilkového extraktu
- 3 unce mandlí
- 2 unce sušených třešní, nasekaných

Pokyny

1. Ve středně velké míse smíchejte mouku, prášek do pečiva a jedlou sodu.

2. Ve velké míse elektrickým mixérem ušlehejte máslo a cukry do krémova. Přidejte vejce, jedno po druhém.

3. Přidejte vanilku a suché ingredience a šlehejte, dokud se dobře nespojí. Přidejte mandle a sušené třešně.

4. Těsto rozdělte na 2 stejné části. Na připraveném plechu vytvarujte těsto do dvou bochníků o rozměrech 3 x 8 palců.

5. Chleby pečte, dokud nezezlátnou, 30 až 35 minut.

6. Bochníky nakrájejte pod úhlem 45 stupňů na plátky široké 1 palec.

7. Plátky vraťte na plech a postavte je na neoříznuté okraje. Sušenky pečte, dokud nejsou velmi suché a lehce opečené, asi 25 minut.

67. Ovesné sušenky s čokoládou

Přísada

- ½ šálku univerzální mouky
- ½ hrnku celozrnné mouky
- ¾ šálku staromódního rychlovarného rolovaného ovsa
- ½ lžičky prášku do pečiva
- ⅓ lžičky jedlé sody
- ¾ šálku světle hnědého cukru
- ⅓ šálku řepkového oleje
- 1 vejce
- 1 lžička vanilkového extraktu
- ⅓ šálku hořké čokolády

Pokyny

1. Předehřejte troubu na 350 °F.

2. Velký plech vyložte pečicím papírem.

3. Ve střední míse smíchejte mouku, oves, prášek do pečiva a jedlou sodu.

4. Elektrickým šlehačem ve velké míse utřeme cukr a olej.

5. Přidejte vejce a vanilku a šlehejte, aby se spojily.

6. Přidejte suchou směs k mokré směsi a šlehejte, aby se spojila.

7. Vmíchejte čokoládové lupínky.

8. Těsto na sušenky dávejte na plech po kulatých lžících.

9. Sušenky pečte dozlatova, asi 25 minut. Sušenky přesuňte na mřížku, aby vychladly.

68. Kukuřičný chlebový koláč s nízkým obsahem sodíku

Přísada

- 1 libra mletého hovězího masa, libové
- 1 velká cibule - nakrájená
- 1 každá Mock rajčatová polévka
- Sůl a ¾ lžičky černého pepře
- 1 lžíce chilli prášek
- 12 uncí mražená kukuřice s jádrem
- ½ šálku zeleného pepře - nasekaný
- ¾ šálku kukuřičné mouky
- 1 lžíce cukru
- 1 lžíce univerzální mouky
- 1½ lžičky prášku do pečiva
- 2 bílky - dobře ušlehané
- ½ šálku 2% mléka
- 1 polévková lžíce slaniny

Pokyny

1. Kukuřičný chlebový koláč: Smíchejte na pánvi mleté hovězí maso a nakrájenou cibuli.

2. Dobře hnědé. Přidejte rajčatovou polévku, vodu, pepř, chilli, kukuřici a nakrájenou zelenou papriku. Dobře promícháme a necháme 15 minut vařit. Převedeme do vymazaného kastrolu. Navrch dejte kukuřičný chléb (dole) a pečte v mírné (350 ° F) troubě 20 minut.

3. Poleva na kukuřičný chléb: Prosejeme kukuřičnou mouku, cukr, mouku a prášek do pečiva. Přidejte dobře rozšlehané vejce, mléko a slaninu. Přepněte na hovězí směs.

69. Čokoládový soufflé dort

Výtěžek: 8 porcí

Přísada

- Nepřilnavý rostlinný olej
- Sprej
- 14 lžic cukru
- ⅔ šálku vlašské ořechy, pražené
- ½ šálku neslazeného kakaového prášku
- 3 lžíce rostlinného oleje
- 8 velkých vaječných bílků
- 1 špetka soli
- Moučkový cukr

Pokyny

1. Potřete pánev a papír sprejem s rostlinným olejem. Posypte pánev 2 lžícemi cukru. V procesoru jemně umelte ořechy se 2 lžícemi cukru. Přeneste ořechovou směs do velké mísy. Vmícháme 10 lžic cukru a kakaa, poté olej.

2. Pomocí elektrického mixéru ušlehejte ve velké míse bílky a sůl, dokud se nevytvoří měkké vrcholy. Bílky vmícháme do kakaové směsi.

3. Nalijte těsto do připravené pánve; hladký vrchol.

4. Pečte, dokud koláče a tester vložené do středu nevyjdou s navlhčenou strouhankou, asi 30 minut.

70. Snídaňové tacos

Přísada

- 1 lžička mletého kmínu
- 1 (15 uncí) plechovka růžových fazolí bez přidané soli
- 4 jarní cibulky, nakrájené na plátky
- 1 malá červená paprika, nakrájená na tenké proužky
- ½ šálku kuřecího vývaru se sníženým obsahem sodíku
- 2 stroužky česneku, mleté
- 4 vejce
- 4 lžíce beztučného jogurtu
- 4 lžíce salsy
- 8 (6") kukuřičných tortil, opečených

Pokyny

a) Zahřejte 10" nepřilnavou pánev na středně vysokou teplotu. Přidejte kmín a za občasného míchání vařte asi 30 sekund, nebo dokud nebude voňavý. Přidejte fazole, cibulku, papriku, vývar a česnek. Přiveďte k varu a poté snižte teplotu, aby se směs vařila. Vařte 8 minut.

b) Použijte zadní část lžíce k vytvoření čtyř prohlubní ve fazolích. rozbijte každé vejce do kelímku s pudinkem a nalijte do každého důlku. Přikryjte a vařte asi 8 minut.

c) Každou porci fazolové směsi s vejci naberte na talíř. Posypte olivy kolem fazolí. Každou porci zalijte 1 lžící jogurtu a 1 lžící salsy.

71. Barbecue Hash

Přísada

- 3 sladké brambory, oloupané a nakrájené
- 1 (8 uncový) balíček tempehu, nasekaný
- 1 cibule, nakrájená nadrobno
- 1 červená paprika, jemně nasekaná
- 1 lžíce grilovací omáčky zakoupené v obchodě
- 1 lžička Cajun koření
- $\frac{1}{4}$ šálku nasekané čerstvé petrželky
- 4 vejce Papriková omáčka (volitelně)

Pokyny

a) Zahřejte 3 lžíce oleje na velké nepřilnavé pánvi na středně vysokou teplotu. Přidejte batáty a tempeh a za občasného míchání vařte 5 minut, nebo dokud směs nezačne hnědnout. Snižte teplotu na střední.

b) Přidejte cibuli a papriku a vařte dalších 12 minut za častého míchání na konci doby vaření, dokud tempeh nezhnědne a brambory nezměknou.

c) Přidejte barbecue omáčku, cajunské koření a petrželku. Promíchejte a rozdělte na 4 servírovací talíře.

d) Vytřete pánev papírovou utěrkou. Snižte teplotu na středně nízkou a přidejte zbývající 1 lžíci oleje. Vejce rozbijte na pánev a vařte do požadované hustoty.

e) Na každou část hash nasuňte vejce a podávejte najednou. Pokud chcete, u stolu předejte feferonkovou omáčku.

72. Olivová a bylinková Frittata

Přísada

- 1 lžička olivového oleje, nejlépe extra panenského
- 3/4 šálku nakrájené červené papriky
- 3/4 šálku nakrájené zelené papriky
- 3/4 šálku (3 unce) strouhaného sýra Monterey Jack se sníženým obsahem tuku
- 2 lžíce nasekané čerstvé bazalky
- 5 vajec + 2 bílky, lehce našlehané
- $\frac{1}{4}$ lžičky soli Mletý černý pepř

Pokyny

a) Předehřejte troubu na 375 °F. Potřete 9" pánev žáruvzdornou sprejem s rostlinným olejem. Umístěte na středně vysoké teplo. Přidejte olej. Zahřívejte 30 sekund. Přidejte papriky. Vařte za občasného míchání asi 5 minut nebo do změknutí. Do pánve přisypeme sýr a bazalku. Přidejte vejce, bílky, olivy, sůl a pepř.

b) Pečte asi 30 minut, nebo dokud vejce neztuhnou. Necháme mírně vychladnout. Nakrájejte na klínky.

73. Chřest Frittata

Ingredience

- ½ kila chřestu, nakrájeného na 1" kousky
- ¼ cibule, nakrájená nadrobno
- 4 vejce
- 2 bílky
- 2 lžíce studené vody
- 2 lžičky čerstvě nastrouhané pomerančové kůry
- ¼ lžičky soli Čerstvě mletý černý pepř

Pokyny

a) Předehřejte troubu na 350 °F. 10" nepřilnavou pánev zahřívejte na střední teplotu po dobu 1 minuty. Přidejte olej a zahřívejte 30 sekund. Přidejte chřest a cibuli. Vařte za stálého míchání asi 2 minuty, nebo dokud není chřest jasně zelený.

b) Mezitím vyšleháme vejce, bílky, vodu, pomerančovou kůru a sůl. Nalijte do pánve a vařte 2 minuty, nebo dokud nezačne tuhnout na dně. Silikonovou stěrkou nadzvedněte zasazené okraje a nechejte pod nimi stéct neuvařenou směs. Dobře dochutíme pepřem.

c) Přendejte do trouby a pečte 6 minut. Pomocí špachtle nadzvedněte okraj vaječné směsi a nakloňte pánev, aby pod ní mohla stékat všechna nevařená vejce a olej. Pečte asi o 6 minut déle, nebo dokud nenafouknou a nezezlátnou.

74. Jahodovo-mandlový toast

Ingredience

- 1 vejce
- ¼ šálku mléka bez tuku
- ¼ lžičky mleté skořice
- 1 plátek celozrnného chleba
- 1 lžička margarínu
- ½ šálku nakrájených jahod

Pokyny

a) Vejce rozšlehejte v mělké misce s mlékem a skořicí. Namočte obě strany chleba do vaječné směsi.

b) Rozpusťte margarín v nepřilnavé pánvi na středním ohni. Pečte chléb asi 2 až 3 minuty z každé strany nebo dozlatova. Rozřízněte napůl diagonálně. Polovinu položte na talíř. Navrch dejte polovinu jahod a mandle.

c) Přikryjeme druhou polovinou toastu a zbylými jahodami a mandlemi.

75. Čokoládové palačinky

Ingredience

- 2/3 šálku celozrnné mouky
- 2/3 šálku nebělené víceúčelové mouky
- 1/3 šálku kukuřičné mouky
- 1 lžička prášku do pečiva
- ½ lžičky jedlé sody
- 2 šálky netučného vanilkového jogurtu
- 3/4 šálku náhražky vajec bez tuku
- 2 lžíce řepkového oleje
- 3/4 šálku nemléčné šlehané polevy

Pokyny

a) Smíchejte mouku, kukuřičnou mouku, prášek do pečiva a jedlou sodu ve velké míse. Vmíchejte jogurt, náhražku vajec, čokoládové lupínky a olej.

b) Velkou nepřilnavou pánev potřete sprejem na vaření a zahřejte na střední teplotu.

c) Na každou palačinku nalijte do pánve 2 lžíce těsta. Palačinky pečte 2 minuty, nebo dokud se na povrchu neobjeví bublinky a okraje neztuhnou. Otočte a vařte, dokud lehce nezhnědne, asi o 2 minuty déle. Opakujte se zbývajícím těstem.

d) Na každou palačinku položte 1 lžičku šlehané polevy.

76. Čokoládové ořechové vafle

Ingredience

- 1½ hrnku celozrnné mouky
- ½ šálku neslazeného kakaového prášku
- 2 lžičky prášku do pečiva
- ¼ lžičky jedlé sody
- 1 šálek 1% mléka
- ½ šálku baleného hnědého cukru
- 2 čajové lžičky prášku na espresso
- 3 lžíce světlého olivového oleje
- 3 bílky
- 1/8 lžičky soli
- 3 lžíce javorového sirupu

Pokyny

a) Ve velké míse prošlehejte mouku, kakaový prášek, prášek do pečiva a jedlou sodu, dokud se nespojí. Uprostřed moučné směsi udělejte důlek a přidejte mléko, cukr, espresso prášek a olej. Ingredience šlehejte dohromady, dokud se nespojí.

b) Předehřejte vaflovač po dobu 4 minut nebo podle pokynů výrobce. Bílky vmíchejte do čokoládového těsta ve 3 přídavcích a přidávejte tak dlouho, dokud se směs nespojí.

c) Těsně před použitím potřete nahřáté vaflové mřížky sprejem na vaření. Přidejte tolik těsta, aby téměř pokrylo mřížky na vafle (2/3 šálku) a vařte 3 až 4 minuty.

77. Granolové tyčinky a sušené třešně

Ingredience

- 1½ šálku suchého obyčejného ovsa
- 1 lžíce univerzální mouky
- 2/3 šálku nakrájených sušených neslazených třešní
- 2 vejce
- 1 šálek baleného světle hnědého cukru
- 1 lžíce řepkového oleje
- 1 lžička mleté skořice
- ¼ lžičky soli
- 1 lžička vanilkového extraktu

Pokyny

a) Umístěte 1 šálek kešu oříšků a ½ šálku ovesných vloček na velký plech na pečení se stranami. Pečte 10 minut, nebo dokud nejsou opečené, jednou promíchejte. Dát stranou.

b) Vložte mouku a zbývající 1 šálek ovsa a ½ šálku kešu do kuchyňského robotu vybaveného kovovou čepelí. Zpracujte do hladka. Přendejte do střední mísy a smíchejte s třešněmi a vyhrazenými kešu a ovesem.

c) Ve velké míse ušlehejte vejce, hnědý cukr, olej, skořici, sůl a vanilku. Míchejte ve směsi oves-kešu, dokud se dobře nespojí. Rozprostřete v připravené pánvi.

d) Pečte 30 minut nebo dozlatova.

e)

78. Ovocné a ořechové muffiny

Ingredience

- 1 3/4 hrnku celozrnné mouky na pečivo
- 1½ lžičky prášku do pečiva
- 1½ lžičky mleté skořice
- ½ lžičky jedlé sody
- ¼ lžičky soli
- 1 šálek vanilkového jogurtu bez tuku
- ½ šálku hnědého cukru
- 1 vejce
- 2 lžíce řepkového oleje
- 1 lžička vanilkového extraktu
- ½ šálku drceného ananasu ve šťávě, okapané
- 1/3 šálku rybízu nebo rozinek
- ¼ šálku strouhané mrkve

Pokyny

a) Předehřejte troubu na 400 °F.

b) Smíchejte mouku, prášek do pečiva, skořici, jedlou sodu a sůl ve velké míse. Smíchejte jogurt, hnědý cukr, vejce, olej a vanilku ve střední misce. Jogurtovou směs vmíchejte do moučné směsi, dokud se nesmíchá.

c) Vmíchejte pekanové ořechy, ananas, rybíz nebo rozinky a mrkev.

d) Těsto rovnoměrně rozdělte do 12 košíčků na muffiny.

e) Pečte 20 minut.

79. Dvojité dýňové tyčinky

Ingredience

- 1 šálek konzervované pevné dýně
- 1 hrnek nastrouhané mrkve
- ½ šálku cukru
- 1/3 šálku sušených brusinek nebo rozinek
- ¼ šálku řepkového oleje
- 2 velká vejce
- 1 hrnek celozrnné mouky
- 1 lžička prášku do pečiva
- 1 lžička mleté skořice
- ½ lžičky jedlé sody
- ¼ lžičky soli

Pokyny

a) Odměřte 1 šálek dýňových semínek do mixéru nebo kuchyňského robotu a zpracujte, dokud nebudou jemně mletá. Dát stranou. Zbylá semínka nasekejte nahrubo a dejte stranou.

b) Smíchejte dýni, mrkev, cukr, brusinky nebo rozinky, olej a vejce ve velké míse a míchejte, dokud se dobře nespojí. Přidejte mouku, mletá dýňová semínka, prášek do pečiva, skořici, jedlou sodu a sůl. Míchejte do smíchání.

c) Těsto nalijte do připravené pánve a rovnoměrně rozetřete. Posypeme odloženými nakrájenými dýňovými semínky. Pečte 22 až 25 minut, nebo dokud vršek při lehkém zatlačení nevyskočí. Před nakrájením na 12 tyčinek zcela vychladněte v pánvi na mřížce.

80. Vaječná pizza kůrka

Ingredience-

- 3 vejce
- 1/2 hrnku kokosové mouky
- 1 šálek kokosového mléka
- 1 prolisovaný stroužek česneku

Pokyny

a) Promícháme a uděláme omeletu.
b) Sloužit

81. Omeleta se zeleninou

Slouží 1

Ingredience

- 2 velká vejce
- Sůl
- Gkulatý černý pepř
- 1 lžičkaolivovýolej nebokmínolej
- 1hrnek špenátu, cherry rajčátky a 1 lžíce sýrového jogurtu
- Drcené vločky červené papriky a špetka kopru

Pokyny

a) V malé misce rozšleháme 2 velká vejce. Dochuťte solí a mletým černým pepřem a dejte stranou. Zahřejte 1 lžičku olivového oleje na střední pánvi na středním ohni.

b) Přidejte baby špenát, rajčata, sýr a vařte za stálého míchání do zvadnutí (cca 1 minutu).

c) Přidejte vejce; vařte za občasného míchání, dokud neztuhne, asi 1 minutu. Vmícháme sýr.

d) Posypeme drcenými vločkami červené papriky a koprem.

82. Vaječné muffiny

Ingredience

Porce: 8 muffinů

- 8 vajec
- 1 šálek nakrájené zelené papriky
- 1 šálek nakrájené cibule
- 1 šálek špenátu
- 1/4 lžičky soli
- 1/8 lžičky mletého černého pepře
- 2 polévkové lžíce vody

Pokyny

a) Zahřejte troubu na 350 stupňů F. Naolejujte 8 košíčků na muffiny.

b) Vejce rozšleháme.

c) Smíchejte papriku, špenát, cibuli, sůl, černý pepř a vodu. Směs nalijte do košíčků na muffiny.

d) Pečte v troubě, dokud nebudou muffiny uprostřed hotové.

83. Míchaná vejce z uzeného lososa

Ingredience

- 1 lžič kakokosový ořecholej
- 4 vejce
- 1 polévková lžíce vody
- 4 unce. uzený losos, nakrájený na plátky
- 1/2 avokáda
- mletý černý pepř, podle chuti
- 4 nasekaná pažitka (nebo použijte 1 zelenou cibulku nakrájenou na tenké plátky)

Pokyny

a) Zahřejte pánev na střední teplotu.

b) Když je horký, přidejte na pánev kokosový olej.

c) Mezitím rozšleháme vajíčka. Přidejte vejce do horké pánve spolu s uzeným lososem. Za stálého míchání uvařte vejce, dokud nebudou měkká a nadýchaná.

d) Odstraňte z tepla. Podávejte avokádo, černý pepř a pažitku.

84. Steak a vejce

Slouží 2

Ingredience-

- 1/2 lb. hovězí steak bez kosti nebo vepřová panenka
- 1/4 lžičky mletého černého pepře
- 1/4 lžičky mořské soli (volitelně)
- 2 lžičkykokosový ořecholej
- 1/4 cibule, nakrájená na kostičky
- 1 červená paprika, nakrájená na kostičky
- 1 hrst špenátu nebo rukoly
- 2 vejce

Pokyny

a) Nakrájený steak nebo vepřovou panenku ochutíme mořskou solí a černým pepřem. Zahřejte pánev na vysokou teplotu. Přidejte 1 lžičku kokosového oleje, cibuli a maso, když je pánev horká, a restujte, dokud nebude steak mírně propečený.

b) Přidejte špenát a červenou papriku a vařte, dokud nebude steak hotový podle vašich představ. Mezitím rozehřejte malou pánev na střední teplotu. Přidejte zbývající kokosový olej a orestujte dvě vejce.

c) Každý steak položte sázeným vejcem k podávání.

85. Vejce upéct

Ingredience-

Slouží 6

- 2 šálky nakrájené červené papriky nebo špenátu
- 1 šálek cukety
- 2 polévkové lžíce kokosový ořech olej
- 1 šálek nakrájených hub
- 1/2 šálku nakrájené zelené cibule
- 8 vajec
- 1 šálek kokosového mléka
- 1/2 šálku mandlemouka
- 2 polévkové lžíce nasekané čerstvé petrželky
- 1/2 lžičky sušené bazalky
- 1/2 lžičky soli
- 1/4 lžičky mletého černého pepře

Pokyny

a) Předehřejte troubu na 350 stupňů F. Vložte kokosový olej do pánve. Zahřejte na střední teplotu. Přidejte houby, cibuli, cuketu a červenou papriku (nebo špenát), dokud zelenina nezměkne, asi 5 minut. Zeleninu sceďte a rozložte na pekáč.

b) Vejce rozšleháme v míse s mlékem, moukou, petrželkou, bazalkou, solí a pepřem. Nalijte vaječnou směs do pekáče.

c) Pečte v předehřáté troubě, dokud střed neztuhne (cca 35 až 40 minut).

86. Frittata

6 porcí

Ingredience

- 2 polévkové lžíceolivovýolej neboavokádoolej
- 1Cuketa, nakrájená na plátky
- 1 šálek natrhaného čerstvého špenátu
- 2 polévkové lžíce nakrájené zelené cibule
- 1 lžička prolisovaného česneku, sůl a pepř na dochucení
- 1/3 šálku kokosového mléka
- 6 vajec

Pokyny

a) Na pánvi na středním plameni rozehřejte olivový olej. Přidejte cuketu a vařte do měkka. Smíchejte špenát, zelenou cibulku a česnek. Dochuťte solí a pepřem. Pokračujte ve vaření, dokud špenát nezvadne.

b) V samostatné misce vyšlehejte vejce a kokosové mléko. Nalijte do pánve na zeleninu. Snižte teplotu na minimum, přikryjte a vařte, dokud vejce neztuhnou (5 až 7 minut).

87. Naan / Palačinky / Palačinky

Ingredience

- 1/2 šálku mandlemouka
- 1/2 šálku tapiokové mouky
- 1 šálek kokosového mléka
- Sůl
- kokosový ořecholej

Pokyny

a) Smíchejte všechny ingredience dohromady.

b) Zahřejte pánev na střední teplotu a nalijte těsto na požadovanou tloušťku. Jakmile bude těsto pevné, otočte jej a pečte z druhé strany.

c) Pokud chcete, aby to byl dezertní krep nebo palačinka, vynechte sůl. Pokud chcete, můžete do těsta přidat mletý česnek nebo zázvor, případně nějaké koření.

88. Cuketové placky

Slouží 3

Ingredience

- 2 střední cukety
- 2 polévkové lžíce nakrájené cibule
- 3 rozšlehaná vejce
- 6 až 8 polévkových lžic mandlemouka
- 1 lžička soli
- 1/2 lžičky mletého černého pepře
- kokosový ořecholej

Pokyny

a) Zahřejte troubu na 300 stupňů F.

b) Do mísy nastrouháme cuketu a vmícháme cibuli a vejce. Vmícháme 6 lžic mouky, sůl a pepř.

c) Rozpalte velkou pánev na střední teplotu a přidejte do ní kokosový olej. Když je olej horký, snižte teplotu na středně nízkou a přidejte těsto do pánve. Palačinky opékejte asi 2 minuty z každé strany, dokud nezhnědnou. Vložte palačinky do trouby.

89. Quiche

Podává 2-3

Ingredience

- 1 Předvařená a vychlazená pikantní koláčová kůra
- 8 uncí organického špenátu, vařeného a okapaného
- 6 uncí kostky vepřového masa
- 2 střední šalotky, nakrájené na tenké plátky a orestované
- 4 velká vejce
- 1 šálek kokosového mléka
- 3/4 lžičky soli
- 1/4 lžičky čerstvě mletého černého pepře

Pokyny

a) Vepřové maso opečte na kokosovém oleji a poté přidejte špenát a šalotku. Po dokončení odložte stranou.

b) Předehřejte troubu na 350 F. Ve velké míse smíchejte vejce, mléko, sůl a pepř. Šlehejte do pěny. Přidejte asi 3/4 scezené náplně a zbylou 1/4 si ponechte na "vrchol" quiche. Nalijte vaječnou směs do korpusu a na quiche položte zbývající náplň.

c) Quiche vložte do trouby na střed střední mřížky a pečte nerušeně 45 až 50 minut.

90. Snídaňové klobásové kuličky

Výtěžek: 12 porcí

Přísada

- 2 lžíce pomerančového džusu, mražený koncentrát
- 2 lžíce javorového sirupu
- 4 segmenty Chléb
- 1 vejce, mírně rozmixované
- ½ libry mírná objemná klobása
- ½ šálku nakrájených grilovaných pekanových ořechů
- 2 lžíce petrželových vloček

Pokyny

a) Chléb nalámejte v pomerančové šťávě a javorovém sirupu. Přidejte vejce a důkladně promíchejte.

b) Vmíchejte zbývající ingredience. Udělejte malé kuličky klobásy o průměru asi 1 palce nebo placičky. Smažte pomalu na pánvi nebo na pánvi na mírném ohni, dokud nezhnědne. Může být podáván jako předkrm nebo jako příloha k makaronům k rodinné večeři. Lze připravit předem a po uvaření zmrazit.

c) Před podáváním prohřejte na rozehřátém grilu.

91. Snídaně klobásové sendviče

Výtěžek: 1 porce

Přísada

- Změklé máslo nebo margarín
- 8 segmentů Chléb
- 1 libra Vepřová klobása, vařená
- Rozdrobené a vysušené
- 1 šálek (asi
- 4 unce) strouhaný sýr čedar
- 2 vejce, rozmixovaná
- 1½ šálku mléka
- 1½ lžičky hořčice

Pokyny

a) Namažte jednu stranu každého segmentu chleba máslem.

b) Vložte 4 segmenty, máslem dolů, v jedné vrstvě do lehce vymazané 8palcové čtvercové zapékací mísy.

c) horní každý segment chleba s klobásou a zbývajícími segmenty chleba, máslem nahoru. Posypeme sýrem.

d) Smíchejte zbývající ingredience; spurt přes sendviče. přikryjeme pokličkou a necháme v chladu alespoň 8 hodin.

92. pečený chilský pudink

Výtěžek: 4 porce

Přísada

- 2 velká vejce
- 2 velké žloutky
- ⅓ šálku cukru, hnědý
- 2 lžíce cukru, hnědý
- ¼ lžičky soli
- 2 šálky smetany, těžké
- ¼ lžičky vanilky
- 2 čajové lžičky Chile de Arbol, pražené v prášku

Pokyny

a) Zahřejte gril na 300 stupňů. Vejce, žloutky, ⅓ c hnědého cukru a sůl šlehejte v nereaktivní nádobě, dokud se nepromíchají.

b) V hrnci na mírném ohni spařte smetanu a vanilku; Vyjměte z tepla; rychle rozšleháme po částech k vejci, dokud nebude hladká; přidejte zpět do smetany v hrnci; přiveďte zpět těsně pod vařit pudink kabáty zadní části lžíce; Vyjměte z tepla.

c) pudinkový pudink nasypte do 4 4 uncových ramekinů; umístit do hotelové pánve; plán pánev v grilu; naplňte dostatečným množstvím vody, aby sahala do ⅔ po stranách ramekins; pečte do ztuhnutí (asi 35 minut); chladit 3 hodiny.

d) Sloužit; posypte každý pudink ¼ lžičky chilli prášku; horní s prosátým hnědým cukrem; grilujte, dokud se cukr nerozpustí, nespálí se.

93. Snídaně klobásové sendviče

Výtěžek: 1 porce

Přísada

- Změklé máslo nebo margarín
- 8 segmentů Chléb
- 1 libra Vepřová klobása, vařená
- 4 unce strouhaného sýra čedar
- 2 vejce, rozmixovaná
- 1½ šálku mléka
- 1½ lžičky hořčice

Pokyny

a) Namažte jednu stranu každého segmentu chleba máslem.

b) Vložte 4 segmenty, máslem dolů, v jedné vrstvě do lehce vymazané 8palcové čtvercové zapékací mísy.

c) horní každý segment chleba s klobásou a zbývajícími segmenty chleba, máslem nahoru. Posypeme sýrem.

d) Smíchejte zbývající ingredience; spurt přes sendviče. přikryjeme pokličkou a necháme v chladu alespoň 8 hodin

e) Vyjměte z chladničky; nechte 30 minut odpočinout.

94. Německé palačinky

Výtěžek: 12 porcí

Přísada

- grilované kuře na červeném pepři
- 3 velká vejce
- ⅓ šálku univerzální mouky
- ⅓ šálku mléka
- ¼ lžičky soli
- 1 polévková lžíce Zeleninový tuk; roztavený

Pokyny

a) Hotové grilované kuře na červeném pepři; vychladit, dokud není připraven k podávání.

b) Zahřejte gril na 450 F. Ve středně velké misce elektrickým mixérem při vysoké rychlosti rozmixujte vejce, dokud nebudou hustá a nadýchaná. Snižte rychlost mixéru na nízkou a postupně vmíchejte mouku, mléko a sůl.

c) Umístěte 2 pánve, z nichž každá obsahuje šest $2\frac{1}{2}$ palcových formiček ve tvaru srdce nebo muffinovou pánev s dvanácti $2\frac{1}{2}$ palcovými košíčky, do grilu na 5 minut, aby se zahřály. Vyjměte pánve z grilu; kartáčové kelímky s roztaveným tukem. Těsto rozdělte do košíčků a pečte 10 až 12 minut nebo až do nafouknutí a lehkého zhnědnutí.

d) Vyndejte palačinky z hrnků na mřížku. Nechte 5 až 10 minut nebo až 5 až 10 minut, dokud středy nespadnou a zanechají mírné prohlubně. Grilované kuře na červeném pepři nandejte do středů palačinek a položte na servírovací talíř. Ihned podávejte. Je-li to žádoucí, mohou být palačinky před plněním zcela vychladlé a podávány studené.

e) Z $\frac{1}{2}$ šálku nakrájené grilované sladké papriky si dejte stranou 2 polévkové lžíce. Zbývající červenou papriku vložte do kuchyňského robotu s čepelí na kostičky. Přidejte 3 lžíce majonézy, 1 lžíci balzamikového octa, $\frac{1}{4}$ lžičky mletého černého pepře a $\frac{1}{8}$ lžičky soli; zpracovávat, dokud směs není kaše. Přesuňte se na středně velký pokrm a vmíchejte 1 šálek nakrájeného vařeného kuřete, 1 zelenou cibuli, najemno nakrájenou a vyhrazenou 2 polévkové lžíce nakrájené grilované červené papriky.

f) Dobře promíchejte. Zakryjte víkem a chlaďte, dokud nebudete připraveni k podávání.

NÁPOJE Z ČERSTVÝCH VAJEC

95. Coquito

Výtěžek: 1 porce

Přísada

- 13/16litrový lehký portorický rum
- Oloupejte ze 2 limetek; (strouhaný)
- 6 žloutků
- 1 plechovka Sladké kondenzované mléko
- 2 plechovky (velké) odpařené mléko
- 2 plechovky Kokosový krém; (jako Coco Lopez)
- 6 uncí ginu

Pokyny

a) Polovinu rumu s limetkovou kůrou mixujte v mixéru při vysoké rychlosti 2 minuty. Sceďte a dejte do velké mísy. Přidejte zbytek rumu.

b) V mixéru smíchejte žloutky, obě mléka a gin, dokud se dobře nerozmixují.

c) ¾ této směsi nalijte do misky s rumem. Zbytek smícháme s kokosovou smetanou a dobře promícháme. přidáme do rumové směsi, dobře promícháme a dáme vychladit.

96. Klasické Amaretto Sour

Výtěžek: 1 nápoj

Ingredience

- 1 ½ unce (3 polévkové lžíce) amaretto
- ½ unce (1 polévková lžíce) bourbon whisky
- 1 unce (2 polévkové lžíce) citronové šťávy
- 1 lžička jednoduchého sirupu nebo javorového sirupu
- 1 vaječný bílek
- 2 čárky Angostura bitters
- Na ozdobu: Koktejlová třešeň nebo třešeň Luxardo, plátek citronu

Pokyny

a) Přidejte amaretto, bourbon, citronovou šťávu, sirup, vaječný bílek a bitters do koktejlového šejkru bez ledu. Protřepávejte 15 sekund.

b) Přidejte led do koktejlového šejkru. Znovu protřepejte po dobu 30 sekund.

c) Nápoj sceďte do sklenice; pěna se bude shromažďovat nahoře. Ozdobte koktejlovou třešní.

97. Whisky Sour Cocktail

PODÁVÁNÍ 1 porce

Ingredience

- 2 unce whisky
- 3/4 unce čerstvě vymačkané citronové šťávy
- 1/2 unce jednoduchého sirupu
- 1 velký bílek
- Led
- 2 až 3 kapky Angostura bitters, volitelné

Pokyny

a) Smíchejte ingredience a protřepejte bez ledu:

b) Přidejte whisky, citronovou šťávu a jednoduchý sirup do koktejlového šejkru a poté přidejte vaječný bílek.

c) Třepejte bez ledu po dobu 60 sekund.

d) Přidejte led, znovu protřepejte a poté sceďte:

e) Přidejte led do šejkru a znovu protřepávejte po dobu 30 sekund. Přecedíme do koktejlové sklenice a navrch nakapeme bitters. Sloužit!

98. Německý vaječný likér

Porce: 2

Ingredience

- 4 žloutky
- 1 hrnek moučkového cukru
- 1/2 lžičky vanilkového extraktu
- 1/2 šálku smetany ke šlehání
- 1/3 hrnku rumu

Pokyny

a) Oddělte vejce a přidejte žloutky do středně velké mísy. Přidejte moučkový cukr a vanilkový extrakt a míchejte elektrickým ručním šlehačem nebo šlehačem, dokud nezískáte krémovou konzistenci.

b) Vmícháme smetanu ke šlehání a stále šleháme.

c) Nyní pomalu přiléváme rum a stále intenzivně šleháme.

d) Jakmile napěníte, vložte misku do horké vodní lázně na sporák a šlehejte několik minut, dokud není směs hustá a krémová. Ujistěte se, že voda v hrnci je horká, ale ne vařící, protože nechcete, aby vaječný likér začal bublat a ztratil alkohol. Chcete zahřát vaječný likér na přibližně 160 stupňů Fahrenheita.

e) Vaječný likér nalijte do sklenic k okamžitému popíjení nebo do dezinfikovaných lahví, které si uchováte na později. Pokud používáte čisté vybavení a čerstvá vejce, měl by vaječný likér vydržet v lednici asi 4 měsíce.

99. Vietnamská vaječná káva

Porce: 2 šálky

Ingredience

- 12 oz. espresso
- 1 žloutek
- 4 polévkové lžíce slazeného kondenzovaného mléka

Pokyny

a) Uvařte 2 šálky espressa

b) Vyšlehejte žloutek a slazené kondenzované mléko do světlé pěny nebo měkkých vrcholů.

c) Navrch espressa přidejte vaječnou směs.

100. Zabaglione

Porce: 4

Ingredience

- 4 žloutky
- 1/4 šálku cukru
- 1/2 šálku Marsala Suché nebo jiné suché bílé víno
- pár snítek čerstvé máty

Pokyny:

a) V žáruvzdorné míse ušlehejte žloutky a cukr, dokud nebudou světle žluté a lesklé. Marsala by pak měla být vmíchána dovnitř.

b) Střední hrnec do poloviny naplněný vodou přiveďte k mírnému varu. Začněte šlehat směs vajec a vína v žáruvzdorné misce na vrcholu hrnce.

c) Pokračujte ve šlehání 10 minut elektrickými šlehači (nebo šlehačem) nad horkou vodou.

d) Použijte teploměr s okamžitým odečtem, abyste zajistili, že směs během vaření dosáhne 160 °F.

e) Odstraňte z tepla a naběračkou zabaglione přes připravené ovoce, ozdobte lístky čerstvé máty.

f) Zabaglione je stejně chutné podávané na zmrzlině nebo samotné.

ZÁVĚR

Myslíte si, že víte vše o vejcích a o tom, jak s nimi vařit a péct? Přemýšlejte znovu! Denní kuchařka pro čerstvá vejce vám ukázala nové a vzrušující způsoby, jak začlenit čerstvá vejce do vašeho repertoáru vaření a pečení, každý den. Od tradičních snídaní po polévky, saláty a hlavní jídla plus vydatné večeře a sladké dobroty.

www.ingramcontent.com/pod-product-compliance
Lightning Source LLC
Chambersburg PA
CBHW070657120526
44590CB00013BA/999